W0052864

classica

Kompetenzorientierte lateinische Lektüre
Herausgegeben von Peter Kuhlmann

Band 15: Ovid, Heroides
Bearbeitet von Peter Kuhlmann

Ovid, Heroides

Bearbeitet von Peter Kuhlmann

Vandenhoeck & Ruprecht

Bibliografische Information der Deutschen Nationalbibliothek:
Die Deutsche Nationalbibliothek verzeichnet diese Publikation in der
Deutschen Nationalbibliografie; detaillierte bibliografische Daten sind
im Internet über https://dnb.de abrufbar.

© 2023 Vandenhoeck & Ruprecht, Robert-Bosch-Breite 10, D-37079 Göttingen,
ein Imprint der Brill-Gruppe
(Koninklijke Brill NV, Leiden, Niederlande; Brill USA Inc., Boston MA, USA;
Brill Asia Pte Ltd, Singapore; Brill Deutschland GmbH, Paderborn, Deutschland;
Brill Österreich GmbH, Wien, Österreich)
Koninklijke Brill NV umfasst die Imprints Brill, Brill Nijhoff, Brill Hotei,
Brill Schöningh, Brill Fink, Brill mentis, Vandenhoeck & Ruprecht, Böhlau,
V&R unipress und Wageningen Academic.

Alle Rechte vorbehalten. Das Werk und seine Teile sind urheberrechtlich
geschützt. Jede Verwertung in anderen als den gesetzlich zugelassenen Fällen
bedarf der vorherigen schriftlichen Einwilligung des Verlages.

Umschlagabbildung: Gagafoto@online.de

Satz: SchwabScantechnik, Göttingen
Druck und Bindung: ⊕ Hubert & Co, Göttingen
Printed in the EU

Vandenhoeck & Ruprecht Verlage | www.vandenhoeck-ruprecht-verlage.com

ISBN 978-3-525-70000-6

Inhalt

Helena antwortet Paris

III. Anhang

Liebe Schülerinnen und Schüler,

mit Ovids *Heroides* (eigentlich: »heroische Frauen« bzw. »Frauen von Heroen«) lernen Sie die Gattung des fiktiven poetischen Briefes kennen: In diesem Werk lässt Ovid Frauen des antiken Mythos zu Wort kommen, die sonst z. T. nur eine Nebenrolle in der literarischen Überlieferung gespielt haben. Deren subjektiv-weibliche Perspektive zum mythischen Geschehen kommt durch die Brief-Form in besonderer Weise zur Geltung und lässt so die bekannten Mythen oft in einem neuen Licht erscheinen. Insofern könnte man diese Brief-Sammlung in gewissem Sinne durchaus als »Frauen-Literatur« bezeichnen, auch wenn der Autor natürlich ein Mann war. Das zentrale Thema dieser Briefe sind meistens unerfüllte oder unglücklich verlaufende Liebesbeziehungen. Auch wenn die Geschichten als solche natürlich erfunden sind, bemüht sich Ovid darum, den Mythos quasi »realistisch« durchzuspielen und oftmals unter menschlich-psychologischen Gesichtspunkten zu beleuchten.

Sprachlich sind die Texte recht unterschiedlich: Trotz der poetischen Sprache sind viele Textpassagen durchaus leicht zu bewältigen. Speziell die vielen Hyperbata können am Anfang eine Herausforderung sein: Hier empfiehlt sich eine gezielte Suche/Markierung vor der Übersetzung. Nützlich für die Lektüre ist in jedem Fall ein gewisser Überblick über den jeweils behandelten Mythos, der beim Lesepublikum als bekannt vorausgesetzt wird.

Die Buchstaben A, B, C hinter den Überschriften geben Ihnen eine Einschätzung des Schwierigkeitsgrades:

A leicht/viele Hilfen;
B mittelschwer;
C schwierig/weniger Hilfen.

Lernvokabeln zu jedem Text befinden sich im Anhang der Ausgabe. Diese Auswahl ist zur Sicherung und Erweiterung Ihrer Wortschatzkenntnisse gedacht. Damit haben Sie das Rüstzeug, um die Texte zu erschließen und kontextbezogen die passende Wortbedeutung zu finden. Wörter, die weder im Lernwortschatz enthalten noch als Hilfe angegeben sind, schlagen Sie im Wörterbuch nach.

Hinweis für Lehrkräfte: Im Lehrerband *(E-Book)* befinden sich einige Texte in adaptierter (Prosa-)Fassung zur Differenzierung oder zum Einsatz im nicht-gymnasialen Unterricht bzw. in der Mittelstufe.

Standards und Kompetenzen

Sprache: Ich kann ...

– unbekannte lateinische Lexeme im Wörterbuch finden und die kontextuell richtige Bedeutung heraussuchen
– Vokabelbedeutungen aufgrund ihres Kontextes, ihrer Ableitung oder durch Fremdwörter oder englische Kognate erschließen
– morphologische Besonderheiten der poetischen lateinischen Sprache erkennen und richtig übersetzen (z. B. Pf. *-ēre = -ērunt,* Fortfall von *-v-* im Perf.-Stamm, 2. Sg. Pass. *-re = -ris,* Gen. Pl. *-um = -ōrum,* griechische Kasus-Endungen)
– Quantitäten von Endungen identifizieren und für die metrische Analyse nutzen (v. a. *-a*)
– elegische Distichen metrisch korrekt und sinnbetont vorlesen
– Besonderheiten poetischer Wortstellung erkennen und für die Übersetzung nutzen (v. a. Hyperbata, Inversion von Nebensatzeinleitungen)

Text: Ich kann ...

– Handlungsfiguren charakterisieren
– die spezifische Sicht der Heroinen (mythischen Frauen) auf den Mythos herausarbeiten (z. B. weibliche Perspektive, alternative Handlungsoptionen)
– gattungsspezifische Merkmale der römischen Liebeselegie nachweisen:
  • Subjektivität der Darstellung (elegisches Ich)
  • Verwendung liebeselegischer Topoi (z. B. *servitium/militia amoris,* Paraklausithyron)
– die Verbindung verschiedener Gattungen (Brief, Elegie, Rede) als werkspezifisches Merkmal der *Heroides* nachweisen
– mythologische Anspielungen erklären

Kultur: Ich kann ...

– die zugrunde liegenden griechisch-römischen Sagenkreise (Troja, Aeneas, Argonauten) in Grundzügen darstellen
– Rollenbilder und Handlungspotenziale der Frau in der Antike erläutern
– die Gattungsmerkmale der Liebeselegie als Hintergrund von Erzählsituation und Inhalt der *Heroides* erläutern, z. B.:
  • *servitium/militia amoris, exclusus amator*
  • Konzentration auf das Fühlen und Denken des Individuums (Subjektivität)
– exemplarisch Rezeptionsdokumente zu den *Heroides* aus den Bereichen Kunst oder Literatur vergleichen

Ovid: Leben und Werk

Leben

Publius Ovidius Naso wurde 43 v. Chr. in Sulmo im Pälignerland (Abruzzen) als Sohn einer reichen Ritter-Familie geboren. Er hatte anders als die übrigen augusteischen Dichter die Bürgerkriege nach der Ermordung Caesars (44 v. Chr.) bis zum Sieg des Augustus (31 v. Chr.) nur als Kind und Jugendlicher erlebt. Insofern ist Ovid anders als seine augusteischen Dichterkollegen Vergil und Horaz tatsächlich ein »rein« augusteischer Dichter des Prinzipats und hat die alte römische Republik nicht mehr kennengelernt.

Er studierte, wie es für vornehme junge Männer üblich war, in Rom Rhetorik und reiste zu Studienzwecken nach Griechenland. Statt in der Ämterlaufbahn Karriere zu machen, begann er schon vor dem 20. Lebensjahr seine schriftstellerische Karriere. Im Jahre 8 n. Chr. wurde Ovid von Augustus nach Tomis (heute der Kurort Konstanza) am Schwarzen Meer verbannt, ohne dass die genauen Hintergründe bekannt wären. Dort starb Ovid 17/18 n. Chr., ohne Rom wiedergesehen zu haben.

Werke

Die *Heroides* sind fiktive Liebesbriefe verlassener Frauen aus dem Mythos. Verfasst sind sie im Versmaß des elegischen Distichons, das besonders für die Liebeselegien typisch ist. Überhaupt hat Ovid hauptsächlich Werke im elegischen Distichon verfasst, in denen das Thema Liebe eine zentrale Rolle spielt. Schon als Jugendlicher arbeitete Ovid an mehreren Büchern *Amores* (Liebeselegien) und gleichzeitig an den *Heroides*. Ovids *Amores* wirken ein bisschen wie eine Parodie auf die schon von etwas älteren Autoren eingeführte Gattung Liebeselegie: Das lyrische Ich ist eigentlich noch gar nicht verliebt und muss sich erst ein Objekt der Verliebtheit suchen, um erfolgreich Liebeselegien schreiben zu können. Die folgende Liebesbeziehung gestaltet sich dann recht problematisch und wendungsreich.

In den *Heroides* verarbeitet Ovid ebenfalls die Topoi der römischen Liebeselegie, allerdings unter Verdrehung der elegischen Geschlechterrollen: Hier sind die Männer diejenigen, die sich den verliebten Mädchen oder Frauen verweigern. Aufgrund der Trennungssituation wirken die vergeblichen Liebesbriefe der Frauen an die geliebten Männer jeweils wie Paraklausithyra der Liebeselegie, d. h. die/der Verliebte sitzt ausgeschlossen vor der Tür der geliebten Person. Beispiele sind die auf Odysseus wartende Penelope, die von ihrem geliebten Jason verlassene Medea oder auch die wegen Aeneas kurz vor dem Suizid stehende Dido. Die *Heroides* umfassen insgesamt 15 Einzelbriefe verlassener oder unglücklich verliebter Frauen und weitere drei Briefpaare, in denen auf den Brief eines männlichen Liebhabers ein Antwortbrief der Frau folgt.

Das Thema Liebe behandelt weiter das parodistische Lehrgedicht *Ars amatoria*. Hier erscheint der (in Sachen Liebe eigentlich erfolglose) Ich-Sprecher der *Amores* als selbsternannter Experte der Liebe und gibt in den ersten beiden Büchern jungen Männern und im dritten Buch Mädchen Tipps, wie sie Partner finden können. Einige Tipps der *Ars amatoria* finden sich auch in den *Heroides* praktisch umgesetzt: So sollen etwa glühende Liebesbriefe (wie die *Heroides*) helfen, die Liebe einer anderen Person zu gewinnen.

Als Ovids Hauptwerk gelten die in den Jahren n. Chr. entstandenen *Metamorphosen* (»Verwandlungen«), ein Epos in 15 Büchern, das anders als die übrigen (elegischen) Werke im Hexameter verfasst ist. Dieses Werk enthält rund 240 mythologische Geschichten und ist damit eine Hauptquelle für die antike Mythologie überhaupt.

Am Ende seines Lebens schrieb Ovid Briefe aus der Verbannung in Tomis, die wieder im elegischen Distichon abgefasst sind, nämlich die *Tristia* und die *Epistulae ex Ponto.* Darin beklagt sich der Dichter v. a. über sein Schicksal und versucht, die Erlaubnis für eine Rückkehr nach Rom zu erhalten.

Gattung: Brief – Elegie – Rede – Epos – Tragödie

Die *Heroides* stellen eine von Ovid erfundene neue Gattung dar: Es handelt sich auf der einen Seite um fiktive bzw. »Kunst«-Briefe in poetischer Form, auf der anderen Seite legt das Versmaß des elegischen Distichons (s. u.) einen engen Zusammenhang zu den gleichzeitig entstehenden Liebeselegien *Amores* nahe. Für die Liebeselegie sind bestimmte Merkmale oder auch »Topoi« charakteristisch: So gibt es einen männlichen Liebhaber *(amator),* der sich meist in eine *puella,* seltener in einen *puer* verliebt und eine andauernde Beziehung *(foedus aeternum)* möchte, aber nicht unbedingt erfolgreich ist. Im Gegenteil ist die *puella* (bzw. der *puer)* häufig ablehnend *(dura puella).* Der Liebhaber unterwirft sich der *puella* als *domina* (»Herrin«) fast wie ein Sklave, so dass man von der Liebe als Sklavendienst *(servitium amoris)* spricht. Zugleich wird speziell bei Ovid die Liebe auch scherzhaft mit dem Kriegsdienst verglichen *(militia amoris),* weil der Liebhaber wie auf einem Kriegszug etwas oder jemanden »erobern« *(capere)* will und dabei viele Strapazen auf sich nimmt. So muss der Liebhaber z. B. oft vor der verschlossenen Tür des Mädchens übernachten, weil er nicht zu ihr ins Bett darf *(exclusus amator);* diese Situation heißt im Griechischen Para-klausí-thyron, weil der Liebhaber bei (gr. *parà)* der Tür (gr. *thýrā)* vor Kummer weint (gr. *klaíō):*

Topoi römische Liebeselegie	Heroides
foedus aeternum	Liebesbrief als Werbestrategie (~ *Ars amatoria)*
militia amoris	Vertauschung der Geschlechterrollen
servitium amoris	*exclusa amatrix*
exclusus amator (Paraklausíthyron)	*durus dominus*
dura puella – domina	

In den *Heroides* findet man nun alle diese elegischen Topoi wieder. Allerdings ist die Rolle der Geschlechter verdreht: Die Frauen sind hier die Liebhaberinnen und die *exclusae amatrices,* so dass jeder Brief wie ein Paraklausíthyron wirkt. Die Männer dagegen nehmen gewissermaßen die Rolle eines *durus puer/vir* ein, weil sie nicht zur liebenden Frau wollen oder können. Nun könnte man meinen, die *Heroides* seien aufgrund dieser komisch wirkenden Konstellation eine humoristische Gattung. Allerdings ist dies nicht bei allen Briefen der Fall: Tatsächlich enthalten einige Briefe wie der Brief Penelopes an Odysseus oder der

Brief des Paris an Helena sicherlich humoristische Elemente, aber der Brief Medeas an Jason oder Didos Brief an Aeneas machen eher einen ernsten Eindruck.

Die Briefe der Frauen wirken vielfach wie Überzeugungsreden und enthalten daher auch viele rhetorische Elemente. So sind sie in der Regel stark an das Aufbauschema der Gerichtsreden angelehnt:

exordium	Einleitung
narratio	Erzählung bzw. Darlegung des Sachverhalts
argumentatio + refutatio	Argumentation für eine Position oder deren Widerlegung
conclusio	Abschluss-Statement

Zudem enthalten die Briefe ähnlich wie Reden viele Stilmittel. Daher wurde dieses ovidische Werk seit dem 19. Jh. auch nur wenig geschätzt, weil es als »künstlich« und »viel zu rhetorisch« galt.

Der in den *Heroides* behandelte Stoff stammt zu einem großen Teil aus den antiken Epen. Besonders der in Homers *Ilias* und *Odyssee* behandelte Troja-Mythos spielt z. B. in den Briefen der Penelope, des Paris und der Helena die entscheidende Grundlage. Für den Dido-Brief ist das römische Epos *Aeneis* von Vergil das Vorbild. Der Medea-Brief lehnt sich hingegen nicht nur an ein Epos, nämlich das Argonauten-Epos des hellenistischen Dichters Apollonios von Rhodos, an, sondern auch an die Medea-Tragödie des athenischen Dichters Euripides. Ovid behandelt in den *Heroides* dann Aspekte, die in den literarischen Vorbildern keine Rolle spielen, und »vervollständigt« den überlieferten Mythos insofern gewissermaßen. So fragt er sich, was die arme Penelope wohl gedacht haben dürfte, als sie so lange auf Odysseus warten musste. Somit sind die Heroides-Briefe auch eine Art psychologischer Studie, wenngleich nicht von realen, sondern mythischen Frauen.

Ein Reiz für das Lesepublikum liegt bei den *Heroides* im Übrigen in der Kommunikationsstruktur, die sich aus den Briefen ergibt: Das Lesepublikum weiß nämlich mehr als das schreibende Ich, das ja den Fortgang des Mythos noch nicht kennen kann. Man kann das so als Schema darstellen:

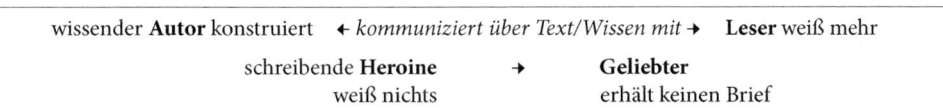

Zumindest die ersten 15 Einzel-Briefe sind an sich so angelegt, dass sie den Adressaten nicht erreichen und also auch nichts bewirken bzw. ins Leere laufen. Ein Antwortschreiben ist von daher wohl nicht von Ovid intendiert. Gleichwohl gab es schon in der Antike Versuche, solche Antwortschreiben der adressierten Männer zu verfassen (Sabinus-Briefe), die später in der Renaissance fortgesetzt wurden.

Ovids *Heroides* müssen in der Antike bis zum Mittelalter eine durchaus beliebte Lektüre gewesen sein: So gibt es sogar eine griechische Übersetzung der Briefe von dem byzantinischen Gelehrten Maximos Planudes (ca. 1300), die das Interesse an Ovids Briefen selbst in Byzanz bezeugt.

Moderne Rezeption

In der heutigen wissenschaftlichen Forschung befasst man sich wieder mehr mit Ovids *Heroides.* Vor allem für die feministische Literaturwissenschaft sind die Briefe der mythischen Frauen ein beliebter Untersuchungsgegenstand, weil hier die weibliche Perspektive für die mythologischen Geschichten umgesetzt ist und die Frauen selbst zu Wort kommen. Man muss aber bedenken, dass Ovid als Autor ein Mann ist und die Frage, wie ernst er es mit seinen Werken wirklich meint, kaum eindeutig zu beantworten ist.

In der neueren deutschen Literatur gibt es ein ganz ähnliches Werk wie die *Heroides,* nämlich Christine Brückners fiktive Reden-Sammlung: *Wenn du geredet hättest, Desdemona: Ungehaltene Reden ungehaltener Frauen,* das zuerst 1983 und noch einmal erweitert 1996 erschienen ist (2005 als Hörbuch). In diesen Monologen lässt Christine Brückner wie Ovid Frauen aus Literatur und Mythos zu Wort kommen, die sonst nur eher eine Nebenrolle einnehmen. Dazu gehören etwa Jesu Mutter Maria, Luthers Ehefrau Katharina von Bora, aber auch Figuren der griechischen Antike wie die Dichterin Sappho, der Ovid den Heroides-Brief 15 gewidmet hat, oder Klytaimnestra, die ihren Mann Agamemnon ermordet hat. In der erweiterten Ausgabe von 1996 ist z. B. noch Adolf Hitlers Partnerin/Ehefrau Eva Braun aufgenommen worden.

Weiterentwickelt wird die Idee Christine Brückners in Kassel, wo seit 2021 Projekttage unter dem Titel »Ungehaltene Reden ungehaltener Frauen« im Rathaus stattfinden (jeweils im Dezember). Dort können Personen, die sich als Frauen definieren, 10-minütige Reden mit gesellschaftlicher Bedeutung halten, die dann im Hessischen Rundfunk übertragen werden. Außerdem werden die gehaltenen Reden im Verlag S. Fischer publiziert.

Sprachliche Besonderheiten von Ovids *Heroides*

Formenlehre

Verben

– 1. Pl. statt 1. Sg. bei Verben (und Pronomina): *scīmus* »ich weiß«; *noster* »mein«
– Besondere Formen von *esse:* **fore** = *futūrum esse;* **forem** = *essem;* **foret** = *esset*
– 3. Pers. Pl. Perfekt auf *-ēre: rediēre = rediērunt* »sie kamen zurück«
– Wegfall von *-vi-* bzw. *-ve-: audieram = audīveram* »ich hatte gehört«; *ululārunt = ululāvērunt* »sie hatten gejubelt«
– Kurzformen *-re* statt *-ris* für die 2. Sg. Pass.: *dēdignāre = dēdignāris* »du verschmähst«; *repetēre = repetēris* »ich werde zurückgefordert werden«

Nomina

- o-Deklination:
  - Pluralformen von *deus*: **dī** = *deī* »Götter«; **dīs** = *deīs* »den Göttern«
  - Gen. Pl. auf -*um* statt -*ōrum*: z. B. **deum** = *deōrum* »der Götter«; **virum** = *virōrum* »der Männer«
- Poetischer Plural in der Bedeutung des Singulars: *Itala rēgna* »die Herrschaft über Italien« – *nostra pectora* »unser Herz« – *ignēs* »Feuer« – *ōra* »Gesicht« – *portūs* »Hafen«
- Griechische Deklinationsformen:
  - o-Dekl.: Nom. *Ili-os* »Ilion, Troja«
    - Akk. *Ili-on*
  - a-Dekl.: Nom. *Helen-ē; Spart-ē; Hecat-ē*
    - Gen. *Helen-ēs; Hermion-ēs; Hecat-ēs*
    - Akk. *Spart-ēn; Clymen-ēn; Lāërt-ēn* (< *Lāërt-ēs* Nom.)
  - 3. Dekl.: Akk. *Lacedaemon-a; Hector-a; Schoenēïd-a; Simoënt-a* (< *Sīmōïs* Nom.)
    - Vok. *Pari* (< *Paris*)
  - Sonderfall: Akk. *Dīdō-n* (< *Dīdō* Nom.); *Argō-n* (< *Argō*)

Syntax

Kasuslehre: Ablativ ohne Präposition

Ablativus separativus (Trennung: *woher?*) und *Ablativus loci* (Ort: *wo?*) stehen z. T. ohne Präposition:

pellere <u>tēctīs</u> »<u>aus dem Haus</u> vertreiben«

<u>ignibus</u> ēreptōs deōs »die <u>aus dem Feuer</u> vertriebenen Götter«

<u>gremiō</u> ēnsis adest »<u>in/auf dem Schoß</u> liegt ein Schwert«

tetigī <u>thalamō</u> lectum »ich erreichte <u>im Schlafzimmer</u> das Bett«

Indikativ Perf./Imperf. als Irrealis

Vor allem bei den Verben *esse* und *posse* steht häufig der Indikativ der Vergangenheit für den Irrealis:

in patriās artēs ērudiendus <u>erat</u> »er <u>hätte</u> (eigentlich) in den Künsten des Vaters ausgebildet werden <u>müssen</u>«

dīlaceranda <u>fui</u> »ich <u>hätte</u> zerfleischt werden <u>müssen</u>«

hīs <u>poterant</u> pectora nostra capī »damit <u>hätte</u> mein Herz gefangen werden <u>können</u>«

Ellipse der Kopula *(esse)*

Vor allem die Indikativ-Präsens-Formen von *esse* fehlen häufig:

et longae noctes »und die Nächte <u>sind</u> lang«

et tū blandus »und du <u>bist</u> so schmeichlerisch«

Wortstellung

<u>Hyperbata</u>: Attribut und Substantiv/Eigenname oder auch zusammengehörige Verbformen stehen oft nicht nebeneinander; **am besten markieren Sie die Hyperbata vor der Übersetzung!**

> *Danaīs invīsa puellīs* = *Danaīs puellīs invīsa* »den griechischen Mädchen verhasst«
> *obrutus īnsānīs esset adulter aquīs* = *adulter īnsānīs aquīs obrutus esset* »wäre doch der Ehebrecher unter tosenden Wellen begraben worden«

Die Hyperbata finden sich sehr oft an bestimmten Stellen im Vers und stehen häufig vor einer Zäsur (»Sperrungszäsur«):

> *obrutus īnsānīs* ‖ *esset adulter aquīs*

Besonders häufig sind Hyperbata, in denen das erste Wort vor der Penthemimeres oder Hephthemimeres (Hexameter) bzw. der Mittel-Zäsur (Pentameter) und das zweite Wort am Versende stehen, z. B.:

> *nōn ego dēsertō* ‖ *iacuissem frīgida lectō* (Penthemimeres)
> »ich hätte dann nicht frierend im verlassenen Bett gelegen«

<u>Nebensatzeinleitungen</u>: Relativpronomina und Konjunktionen stehen sehr oft nicht am Anfang, sondern in der Mitte des Nebensatzes:

> *(solum,) mūrus quod fuit* »(der Erdboden,) <u>der</u> einmal eine Mauer war«
> *(Pergama,) incola captīvō quae bove victor arat* »(Pergamon,) <u>das</u> der siegreiche Bewohner mit einem gefangenen Ochsen pflügt«
> *haec ego dum stulte metuo, …* »<u>während</u> ich dies dumm fürchte, …«
> *ardet ut ad magnos pinea taeda deos* »<u>wie</u> eine Fichten-Fackel für die großen Götter brennt«

<u>»und« (-que) auf Latein</u>:
-que »und« wird immer an ein zu verbindendes Wort angehängt und muss in der Übersetzung *vor* diesem Wort stehen:

> *vix Priamus tantī tōtaque Trōia fuit* »kaum waren Priamus **und ganz** Troja so viel wert«

-que + -que »sowohl – als auch« verbinden ebenso zwei Wörter, wobei das erste -que in der Übersetzung auch weggelassen werden kann:

> *mīrantur iūstīque senēs trepidaeque puellae* »das bewundern <u>gerechte</u> Greise **und** <u>ängstliche</u> Mädchen« oder »… **sowohl** <u>gerechte</u> Greise **als auch** ängstliche Mädchen«

Das Versmaß der *Heroides:* Das elegische Distichon

Antike Versmaße

In der antiken Metrik war anders als heute nicht der Akzent der Wörter für die Versmaße entscheidend, sondern die Quantität (Länge oder Kürze) der Silben. Eine bestimmte Abfolge von langen und kurzen Silben ergab dabei ein bestimmtes Versmaß. Die Liebes-Elegie und die Heroides-Briefe sind im Versmaß des elegischen Distichons geschrieben: Das elegische Distichon besteht aus einem Hexameter und einem Pentameter (s. u.).

Quantität der Silben

Wichtig ist, dass bei der Bestimmung von kurzen und langen Silben die Wortgrenze innerhalb eines Verses aufgehoben ist: Man muss also den Vers so analysieren, als wäre er ein einziges langes Wort. Nur dann lassen sich die langen und kurzen Silben richtig feststellen.

a) Kurze Silben (Symbol: U)

Alle Silben mit einem kurzen Vokal, auf den entweder gar kein oder höchstens ein Konsonant folgt, sind kurz (z. B. *fă-cĕ-rĕ* mit kurzen Silben = U U U).

b) Lange Silben (Symbol: –)

Alle anderen Silben sind lang, also z. B. alle Silben mit einem langen Vokal (z. B. *fē-cī* = – –) oder mit einem Diphthong wie *ae, au, oe, eu, ei* (z. B. *quae-rō* = – – oder *clau-sae* = – –). Lang sind außerdem Silben mit kurzem Vokal, auf den mehrere Konsonanten folgen (z. B. *rēs-pōn-dēnt* = – – –: *-sp-, -nd-, -nt* folgen auf den kurzen Vokal). Diesen zweiten Fall nennt man »Positionslänge«.

Die Verbindung von Verschlusslauten (lat. *mūta: p, t, c, b, d, g*) und bestimmten »Fließ-« bzw. »Dauerlauten« (lat. *liquida:* v. a. *r, l*) kann eine kurze oder lange Silbe erzeugen (*mūta cum liquidā*-Regel): So kann z. B. in *pătrēs* die erste Silbe als kurz (*pă-trēs*) oder lang (*pāt-rēs*) gemessen werden.

Wichtig: *qu* gilt als nur EIN Konsonant und bildet keine Positionslänge! Der Buchstabe *h* wird in der Metrik ignoriert und bildet ebenfalls keine Positionslänge.

Am Versende gibt es eine Sprechpause, so dass die Silbe in der Antike als lang galt. Heute wird die letzte Silbe im Vers meist mit einem *x* gekennzeichnet, was bedeutet, dass sie lang oder kurz bzw. lat. *anceps* (»unentschieden«) sein kann.

Hexameter und Pentameter

Der Hexameter besteht aus sechs Versfüßen im Daktylus. Zwei kurze Silben können jeweils durch eine lange ersetzt werden (außer im letzten Versfuß). Der folgende Pentameter besteht ebenfalls aus daktylischen Versfüßen, hat aber genau in der Mitte eine Sprechpause || (Dihärese); die letzten beiden Daktylen am Ende der Vershälften sind jeweils verkürzt:

$$— \cup \cup \,|\, — \cup \cup \,|\, — \cup \cup \,|\, — \cup \cup \,|\, — \cup \cup \,|\, — \times$$
$$— \cup \cup — \cup \cup — \,||\, — \cup \cup — \cup \cup \times$$

Wichtige Zäsuren (Sprechpausen: ||)

Der Hexamater kann nach dem dritten (Trithemimeres), dem fünften (Penthemimeres) oder dem siebten (Hepthemimeres) Verselement eine Sprechpause bzw. einen syntaktischen Einschnitt haben:

Trithemimeres: $\; – \cup \cup \,|\, – \,||\, \cup \cup \,|\, – \cup \cup \,|\, – \cup \cup \,|\, – \cup \cup \,|\, – \times$

Penthemimeres: $\; – \cup \cup \,|\, – \cup \cup \,|\, – \,||\, \cup \cup \,|\, – \cup \cup \,|\, – \cup \cup \,|\, – \times$

Hepthemimeres: $\; – \cup \cup \,|\, – \cup \cup \,|\, – \cup \cup \,|\, – \,||\, \cup \cup \,|\, – \cup \cup \,|\, – \times$

In einem Hexameter können mehrere Zäsuren kombiniert werden (v. a. Trit- und Penthemimeres). Vor den Zäsuren befindet sich häufig das erste Element eines Hyperbatons. So konnten die Hyperbata von den lateinischen Muttersprachlern auch beim Vorlesen von Versen leichter identifiziert werden.

Aussprache-Besonderheiten

Elision: Folgen zwei Vokale unmittelbar aufeinander, so werden die beiden »verschliffen« gelesen und zählen nur als *eine* Silbe:
    quaecumque_aequor (4 Silben).
Das gilt auch, wenn das vorige Wort auf Vokal + *m* endet:
    scīrem ubi (3 Silben).

Aphärese: Wenn *est* auf ein anderes Wort folgt, fällt das anlautende *e* weg:
    versa est > versast (2 Silben).

Das *i* kann vor Vokal als *j* (z. B. *iam = jam, Iūnō = Jūnō*) oder als eigene Silbe ausgesprochen werden: *Iāson* und *Iūlus* bilden in der Regel drei Silben *(ï-ā-sōn, ï-ū-lus)*.

Analyse-Beispiel (Anfang Text 1)

– UU – – – UU – – –U U –x
TrōiaiacetcertēDanaīsinvīsapuellīs.

  – UU – – – – U U – UU x
VixPriamustantītōtaqueTrōiafuit.

– UU – – – U U – U U – U U – x
Ō utinamtumcumLacedaemonaclassepetēbat,

  – U U – – – – U U – UU x
obrutusīnsānīsessetadulteraquīs!

Man kann hier an den ersten Versen sehen, wie *muta cum liquida* gemessen werden kann: In Vers 2 ist *-que* vor <u>*Trōia*</u> und in Vers 3 *(Lacedaemo)-na* vor <u>*classe*</u> jeweils kurz gemessen; in Vers 4 dagegen bildet <u>*obr*</u>*(utus)* eine Positionslänge.

Metrik hilft beim Übersetzen

Bei mehrdeutigen Formen oder Wörtern hilft die Metrik bei der Unterscheidung mehrdeutiger Schreibungen:
Deklinations-Endungen:

    domină oder *dominā?*

    stultĕ (Vok.) oder *stultē* (Adv.)?

    vultŭs oder *vultūs?*

Ähnliche Wörter:

    līber »Buch« oder *līber* »frei«?

    occĭdit »stirbt« oder *occīdit* »tötet«?

    sŏlum »Boden« oder *sōlus* »allein« oder *sōl* »Sonne«?

Hinweis: Auf der Verlagshomepage stehen kostenlose Audio-Dateien mit metrischer Rezitation der lateinischen Texte zur Verfügung.

Penelope an Odysseus

1. Einleitung (Ov. Her. 1,1–10; B/A)

Der erste Brief stammt von Penelope, die auf Ithaka sehnsüchtig auf die Heimkehr ihres Mannes Odysseus wartet. Der befindet sich noch auf der 10 Jahre währenden Rückreise von Troja in die Heimat. In den ersten Versen ihres Briefes schildert Penelope ihrem verschwundenen Gatten ihre Situation als verlassene Ehefrau.

PENELOPE ULIXI <salutem dicit>

Den folgenden Brief schickt dir deine Penelope, du lahmer

Odysseus. Du brauchst mir nicht zurückzuschreiben:

Komm lieber selbst!

5   Trōia iacet certē, Danaīs invīsa puellīs.

    Vix Priamus tantī tōtaque Trōia fuit.

Ō utinam tum, cum Lacedaemona classe petēbat,

    obrutus īnsānīs esset adulter aquīs!

nōn ego dēsertō iacuissem frīgida lectō,

10   nec quererer tardōs īre relicta diēs.

Und ich müsste nicht versuchen, lange Nächte

künstlich zu verkürzen, indem der Webteppich meine

Witwenhände ermüdet.

Derselbe lateinische Text sähe mit Prosa-Wortstellung so aus:

15   Trōia, invīsa Danaīs puellīs, certē iacet.

Priamus et tōta Trōia vix tantī fuit.

Ō utinam adulter (= Paris) tum,

cum Lacedaemona classe petēbat,

īnsānīs aquīs obrutus esset!

20   nōn ego frīgida <in> lectō dēsertō iacuissem,

nec relicta quererer diēs tardōs īre.

---

salūtem dīcere + *Dat.:* grüßen *(typische römische Formel am Briefeingang)*

iacēre: *hier* besiegt sein – **Danaī** = *Graecī* – **tantī est:** es ist so viel wert

Lacedaemōn = *Sparta*

obruere, -ruō, -ruī, -rutus: begraben – **īnsānus:** tosend – **adulter:** Ehebrecher *(= Paris)*

nōn: *hier* beginnt der Hauptsatz; ergänze am Anfang »dann«

lectus: Bett – **tardus:** langsam *(prädikativ)* – **īre:** *hier* vergehen, dahingehen

1   *Vor der Übersetzung:* Lesen Sie zunächst die Einleitung, die deutschen Passagen und dann gegebenenfalls die Prosafassung des lateinischen Textes. Vergleichen Sie die sprachlichen Unterschiede zwischen Prosafassung und poetischem Original.

2   Sehen Sie sich die Positionen der Hyperbata (Originalfassung) in den Versen an: Formulieren Sie Beobachtungen dazu, an welchen Stellen im Vers die Elemente der Hyperbata offenbar meistens stehen.

3   Weisen Sie anhand des Textes die Einsamkeit und Trauer der Penelope nach.

4   Erklären Sie die mythologischen Anspielungen im Text: Was ist genau mit der Aussage: »*adulter/ Paris Lacedaemona classe petebat*« und dem »Webteppich« gemeint? Erklären Sie die Illustration in dem Zusammenhang:

Penelope am Webstuhl und Telemachos (Vasenmalerei, 5. Jh. v. Chr.)

S   (Un)erfüllbare Wünsche

Wünsche können in lateinischen Hauptsätzen mit der Partikel *utinam* und dem Konjunktiv ausgedrückt werden:

utinam *mare Paridem obru**at*** (Konj. Präs. → erfüllbar):
hoffentlich verschlingt das Meer den Paris

utinam *mare Paridem obru**eret*** (Konj. Impf. → unerfüllbar):
wenn doch das Meer den Paris verschlänge

utinam *mare Paridem obru**isset*** (Konj. Plpf. → unerfüllbar/Vergangenheit):
wenn doch das Meer den Paris verschlungen hätte

2. Troja-Heimkehrer als Informanten (Ov. Her. 1,23–36; A)

Penelope hatte von den ersten Troja-Heimkehrern Informationen über den Verlauf des Krieges und den Untergang Trojas bekommen:

Sed bene cōnsuluit castō deus aequus amōrī:

Versa est in cinerēs sospite Trōia virō.

Argolicī rediēre ducēs, altāria fūmant;

    pōnitur ad patriōs barbara praeda deōs.

cōnsulere + *Dat.*: sorgen für
aequus: gerecht – **amor**: *gemeint ist die Liebe zwischen Penelope und Odysseus* – **cinerēs** *Pl.*: Asche – **sospes, itis**: wohlbehalten – **vir** = Odysseus – **Argolicus** = *Graecus*

5 *Dankbar geben die Frauen den Göttern Opfer für die Rettung ihrer Männer dar, die ihnen vom Ende des besiegten Troja berichten.*

Mīrantur iūstīque senēs trepidaeque puellae;

    nārrantis coniunx pendet ab ōre virī.

mīrārī: *hier* (alles) bewundern
-que – -que: sowohl – als auch
vir: *bedeutet in der Dichtung oft* »Held«

10 *Und einer stellt einen Tisch auf und zeigt darauf die wilden Kämpfe vor Troja:*

Pingit et exiguō Pergama tōta merō:

»Hāc ībat Simoīs; haec est Sīgēia tellūs;

    hīc steterat Priamī rēgia celsa senis.

pingere: aufmalen – **et** *wird oft nachgestellt* (»und er malt …«) – **Pergama** *n.Pl.* = *Trōia* – **merum** = *vīnum* – **rēgia**: Palast

15 Illīc Aeacidēs, illīc tendēbat Ulixēs;

    hīc lacer admissōs terruit Hector equōs.«

tendere: *hier* kämpfen – **lacer**: zerfetzt – **admissus**: losgelassen, dahinstürmend

---

1   *Vor der Übersetzung:* Lesen Sie die deutschen Passagen und recherchieren Sie die Eigen- und Ortsnamen im lateinischen Text (s. Karte auf der nächsten Seite); formulieren Sie stichpunktartig, wovon der Text handelt.

2   Der Text ist teilweise im Präsens geschrieben: Erklären Sie die Gründe hierfür bzw. welche Wirkung die Tempuswahl für das Lese-/Hör-Erleben des Dargestellten hat.

3   Erklären Sie anhand des Bildes, was genau im letzten Vers beschrieben wird.

4   Arbeiten Sie aus dem Text die Rollenmuster heraus, die sich aufgrund der Darstellung für Männer und Frauen jeweils ergeben.

Frans de Jong (ca. 1680):
Achill schleift die Leiche Hektors
(© Museumslandschaft Hessen Kassel,
Gemäldegal. Alte Meister,
Foto: Ute Brunzel)

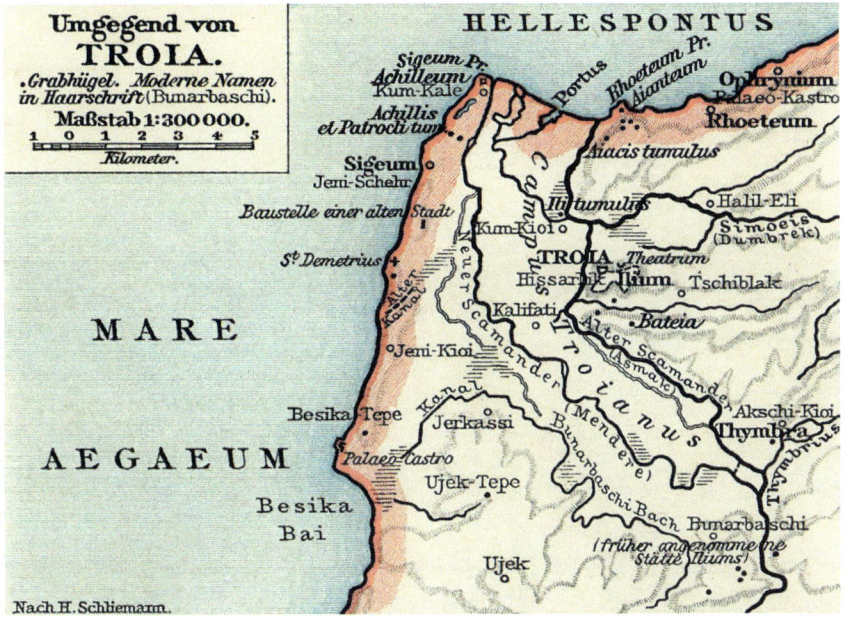

Troja-Karte nach Heinrich Schliemann (Putzger 1901)

S Ortsadverbien

Ähnlich wie im Deutschen drücken die lateinischen Ortsadverbien die Nähe oder Entfernung vom Sprecher aus:

hāc: auf dieser Seite

hīc: hier

illāc: auf der (anderen) Seite (dort)

illīc: dort (weiter weg)

Die Reihung *hīc – ibī – illīc* bewegt sich immer weiter vom Sprecher weg, d.h. *illīc* »dort (hinten)« zeigt etwas weiter Entferntes an als *ibī* »da«.

3. Trojas Untergang war nutzlos (Ov. Her. 1,47–58; C)

Penelope fragt sich, was sie eigentlich vom Fall Trojas hat, wenn doch trotzdem ihr geliebter Odysseus nicht zu ihr zurückkehrt:

Sed mihi quid **prōdest** vestrīs disiecta <u>lacertīs</u>

    Īliŏs et, mūrus quod **fuit**, esse <u>solum</u>,

sī <u>maneō</u>, quālis Trōiā <u>dūrante manēbam</u>,

    virque mihī dēmptō fīne <u>carendus</u> abest?

5 Dīruta sunt aliīs, ūnī mihi <u>Pergama</u> restant,

    incola captīvō quae bove victor arat.

Iam <u>seges</u> est, ubi Trōia fuit; resecandaque <u>falce</u>

    luxuriat <u>Phrygiō</u> sanguine pinguis humus.

Sēmisepulta <u>virum</u> curvīs feriuntur arātrīs

10   ossa; ruinōsās occulit herba domōs.

<u>Victor abes</u>; nec scīre mihī, quae causa morandī

    aut in quō lateās ferreus <u>orbe</u>, licet!

---

prōdest: es nützt (*davon hängen* Ilios *und ein AcI als Subj. ab*) – **lacertus**: Arm – **Ilios** = *Trōia* – **solum**: Boden (= dem Erdboden gleich gemacht) – **dūrāre**: (be-)stehen – *vor* **virque** *ist wieder* sī *zu ergänzen* – **dēmptō fīne** = *sine fine* – **carendus**: schmerzlich vermisst – **Pergama** = *Trōia*

quae *bezieht sich auf* Pergama

seges: Saat (= Felder) – **falx**, falcis *f.*: Sichel – **Phrygius** = *Trōiānus* (*die Trojaner waren Phryger*)

virum = *virōrum*

victor abes: »obwohl siegreich, bist du fort« – **orbis**: *etwa* »Winkel auf Erden«

---

1 Im ersten Abschnitt (Z. 1–4) stellt Penelope dem Odysseus eine Frage: Erörtern Sie, ob es sich um eine rhetorische oder eine echte Frage handelt; formulieren Sie eine denkbare Antwort des Odysseus.

2 Im zweiten Abschnitt (Z. 5–10) schildert Penelope, wie es in Troja nach dem Fall der Stadt aussieht: Beschreiben Sie die Situation im zerstörten Troja mit eigenen Worten und erklären Sie, warum sich die Sieger so verhalten.

3 In der Ovid-Forschung wird die Perspektive der Penelope in diesem Brief häufig als »subjektivistisch« kritisiert, d. h. Penelope sei egozentrisch und habe kein Verständnis für die Bedeutung des Trojanischen Krieges: Weisen Sie diese Forschungsmeinung im Text nach und erörtern Sie die These.

K Frauenrollen in der Antike

Für die Lektüre und Interpretation von Ovids *Heroides* ist die Rolle der Frauen ein entscheidender Faktor. Zu unterscheiden ist dabei die Rolle der Frauen in Griechenland (~ mythische Welt) und in Rom (~ Welt des Lesepublikums).

In Griechenland, v. a. in Athen, spielten die Frauen in der Gesellschaft eine eher untergeordnete Rolle. So war ihnen z. B. nicht gestattet, bei Gastmählern (Symposien) mit den Männern zu feiern. Dort traten lediglich Flötenspielerinnen auf, die nebenher häufig als Prostituierte arbeiteten. In den griechischen Bürgerhäusern bewohnten die Frauen einen abgetrennten Raum (*gynaikonítis* oder *gynaikeíon* < griech. *gyné*, Gen. *gynaikós* »Frau«), der in der Regel eher abgelegen im oberen Geschoss lag und nur zum Innenhof geöffnet war. Dort befanden sich auch Gerätschaften wie z. B. Webstühle oder Spinnräder für die üblichen Frauentätigkeiten im Haushalt. Frauen waren in Griechenland auch nicht geschäftsfähig bzw. konnten keine Verträge abschließen.

In den mythologischen Geschichten und der griechischen Literatur spielen Frauen dagegen oft eine herausgehobene Rolle, wie man etwa an der weiter unten behandelten Medea sehen kann: Sie hilft dem Jason und seinen griechischen Gefährten selbstständig und ergreift in der Handlung immer die Initiative. Allerdings war Medea auch keine Griechin, sondern eine »Ausländerin« aus Kolchis am Schwarzen Meer (heute Georgien). Penelope entspricht schon eher dem griechischen Rollenverständnis: Sie webt einen (endlosen) Teppich (als List, um die Freier hinzuhalten) und ist im Grunde mit der Führung von Haus und Herrschaft auf Ithaka überfordert. Die Freier, die sie heiraten wollen, tanzen ihr buchstäblich auf der Nase herum und zehren als Dauergäste das Vermögen des Odysseus auf, ohne dass sie es verhindern kann. Ihr Sohn Telemach dagegen ist trotz seines jugendlichen Alters deutlich aktiver und reist selbstständig zu den anderen griechischen Königen, um sich nach seinem Vater Odysseus zu erkundigen. Dies wäre für seine Mutter Penelope als Frau undenkbar.

Im Rom der augusteischen Zeit hatten die Frauen aus dem freien Bürgertum eine deutlich selbstständigere Stellung in der Gesellschaft. So war ihre Teilnahme an Gastmählern (*convivia*) selbstverständlich; sie konnten sich (im Prinzip) auch von ihrem Ehemann scheiden lassen und besaßen eine gewisse Verfügungsgewalt über ihr eigenes Vermögen. Sie konnten auch bei Abwesenheit des Mannes das Familienvermögen selbstständig verwalten, was von Ciceros Frau Terentia überliefert ist. Ganz praktisch spielten im Prinzipat vor allem die Frauen im Umfeld der Principes eine zentrale Rolle und übten viel Macht aus, ohne dass dies offenbar in Frage gestellt wurde. So entschied Augustus' Frau Livia vielfach mit, wenn es um Nachfolgeregelungen oder andere wichtige politische Entscheidungen ging. Dasselbe gilt für Neros Mutter Agrippina.

Bei den einfachen Bevölkerungsgruppen, die für ihr tägliches Überleben arbeiten mussten, waren Frauen übrigens sowohl im griechischen als auch römisch-italischen Kulturraum recht eigenständig: Sie gingen sehr häufig wie die Männer einer Lohnarbeit nach und arbeiteten z. B. als Ammen, Weberinnen, Erzieherinnen oder sogar Lehrerinnen.

4. Odysseus und die Frauen (Ov. Her. 1,69–80; B)

Penelope fragt alle Troja-Heimkehrer nach dem Schicksal des Odysseus aus, erhält aber keine genauen Informationen. Sie vermutet (nicht zu Unrecht), dass auch Geschichten mit anderen Frauen hinter der Verzögerung der Heimkehr stecken könnten.

Es wäre eigentlich besser, wenn Trojas Mauern noch

stünden, denn dann wenigstens …

scīrem, ubi pūgnārēs; et tantum bella timērem;

et mea cum multīs iūncta querēla foret.   **foret** = *esset*

5   Quid timeam, īgnōrō; timeō tamen omnia dēmēns;

et patet in cūrās ārea lāta meās.   **patēre in**: offenstehen für –
                                                             ārea: (Betätigungs-)Feld

Quaecumque aequor habet, quaecumque perīcula tellūs,

tam longae causās suspicor esse morae.   **suspicārī** + *AcI*: vermuten, dass es/
                                                             dies – **mora**: Verzögerung

Haec ego dum stultē metuō, quae vestra libīdō est: **quae … est**: *etwa* »wie es für eure
                                                             Lust typisch ist« – **peregrīnus**:
10   esse peregrīnō captus amōre potes.   anderer, fremd

Forsitan et nārrēs, quam sit tibi rūstica coniunx,   **forsitan** + *Konj.*: vielleicht –
                                                             et = *etiam*
weil sie immer nur Wolle spinnt.

Fallar, et hoc crīmen tenuēs vānēscat in aurās,   **fallī**: sich täuschen (*hier Potentia-*
                                                             lis: »vielleicht …«) – **crīmen**: *hier*
oder es stimmt und du willst gar nicht mehr   Vorwurf

15   *zurückkommen!*

---

1   *Vor der Übersetzung:* Identifizieren Sie die konjunktivischen Sätze im Text und weisen Sie sie den Satzarten *Irrealis, Potentialis* oder *abhängige Frage* zu.

2   Im ersten Abschnitt scheint sich Penelope selbst zu widersprechen, indem sie sich plötzlich ein unversehrtes Troja wünscht: Erklären Sie die Logik ihrer Argumentation.

3   Stellen Sie die von Penelope vermuteten Hindernisse für Odysseus' Rückreise im zweiten und dritten Abschnitt zusammen und konkretisieren Sie diese aufgrund Ihrer mythologischen Vorkenntnisse.

4   Am Schluss fürchtet Penelope, Odysseus liebe sie nicht mehr: Vergleichen Sie den Abschnitt aus der Odyssee mit dem Ovid-Text und verfassen Sie eine kurze Antwort auf Penelopes Briefaussage.

Literarische Vorlagen: Die Odyssee

Homers Odyssee war für Ovids Penelope-Brief eine wichtige literarische Vorlage, die das römische Lesepublikum kannte und mit Ovid verglich. Bei Homer hat sich die Nymphe Kalypso in Odysseus verliebt und hält ihn lange fest. Dort findet man folgendes Gespräch zwischen Kalypso und Odysseus in Bezug auf Penelope (Homer, *Odyssee* 5, 211–220):

Kalypso sprach zu Odysseus: »Glauben darf ich doch wohl, dass ich nicht schlechter als sie (Penelope) bin, weder an Wuchs noch Bildung! Wie könnten sterbliche Frauen mit unsterblichen sich an Gestalt und Schönheit vergleichen?«

Ihr antwortete darauf der erfindungsreiche Odysseus: »Zürne mir darum nicht, ehrwürdige Göttin! Ich weiß selbst zu gut, wie sehr der Reiz der klugen Penelope vor deiner Gestalt und erhabenen Größe verschwindet; denn sie ist nur sterblich, und dich schmückt ewige Jugend. Aber ich wünsche dennoch und sehne mich täglich von Herzen, wieder nach Hause zu gehen und zu schauen den Tag der Heimkehr.«

Arnold Böcklin:
Odysseus und
Kalypso (1883)

S **Konjunktiv-Funktionen (I)**

In Nebensätzen kann man den lateinischen Konjunktiv für die Übersetzung meist ignorieren. Dies gilt z. B. bei indirekten Fragen wie:
   scio, quid facias/feceris: ich weiß, was du tust/getan hast

Im Hauptsatz dagegen muss der lateinische Konjunktiv beim Übersetzen berücksichtigt werden. Für den Textabschnitt ist wichtig:
Irrealis (Konj. Impf./Plqpf.):
   Si hoc scirem, non timerem: Wenn ich es wüsste, hätte ich keine Angst.
Potentialis (Konj. Präs.):
   (Fortasse) me fallas: Du könntest mich (vielleicht) täuschen.

5. Schluss: Ist Penelope noch begehrenswert? (Ov. Her. 1,107–116; B)

Im Weiteren hat Penelope die gefährliche Situation am Hof von Ithaka geschildert: Die Freier zehren Odysseus' Vermögen auf, sein Vater Laërtes ist alt und wehrlos, selbst Odysseus' Sohn Telemach wäre fast ums Leben gekommen. Nun ist endlich die Hilfe des Vaters Odysseus gefragt:

Tēlemachō veniet (vīvat modo!) fortior aetās;

    nunc erat auxiliīs illa tuenda patris;

nec mihi sunt vīrēs inimīcōs pellere tēctīs.

    Tū citius veniās, portus et āra tuīs!

5 Est tibi sitque, precor, nātus, quī mollibus annīs

    in patriās artēs ērudiendus erat.

Respice Lāertēn! Ut tū sua lūmina condās,

    extrēmum fātī sustinet ille diem.

Certe ego, quae fueram tē discēdente puella,

10   prōtinus ut veniās, facta vidēbor anus.

Tēlemachō: *Dat.* = »für Tele-mach« – **vīvat modo:** Hauptsache, er lebt! – **erat** = *esset (erg.: eigent-lich)* – **tuērī:** beschützen – **tēctum:** Haus *(hier Abl. separativus)* – **tuī:** deine Angehörigen

nātus = *fīlius*

erat = *esset*

respicere: Rücksicht nehmen auf, denken an – **lūmen** = *oculus* – **con-dere** = *claudere*

certe ego facta vidēbor anus *ist der Hauptsatz* – **prōtinus:** sofort – **ut** + *Konj.: hier* selbst wenn – **anus,** ūs *f.:* alte Frau

---

1.   *Vor der Lektüre:* **Für das Verständnis des Briefes und dieser Passage ist wichtig zu wissen, wie lange sich Odysseus und Penelope nicht gesehen haben: Recherchieren Sie die Zahl der Jahre (Trojanischer Krieg + Irrfahrten) und stellen Sie Vermutungen zu Penelopes Alter an.**

2.   **Arbeiten Sie aus dem Textabschnitt die Argumentationsstrategie heraus, mit der Penelope Odysseus zu einer schnellen Rückkehr bewegen will; beurteilen Sie die Schlüssigkeit ihrer Argumentation.**

3.   **Am Schluss befürchtet Penelope, sie könnte für Odysseus zu alt sein: Kommentieren Sie diese Befürchtung aufgrund ihrer mythologischen Vorkenntnisse zum »echten« Ausgang der Odyssee (s. a. Bild).**

Francesco Primaticcio:
Odysseus und Penelope (16. Jh.)

S Konjunktiv-Funktionen (II)

Der Konjunktiv im Hauptsatz muss bei der Übersetzung immer berücksichtigt werden. Neben den oben erwähnten Funktionen des Irrealis und Potentialis ist hier für den Textabschnitt die Verwendung für Wünsche und Aufforderungen wichtig:

a) Wunsch:
Vivat Telemachus: Hoffentlich lebt Telemach noch.
Sit tibi fortis filius: Hoffentlich hast du einen tapferen Sohn.

b) Aufforderung:
Cito venias! Komm schnell/du sollst schnell kommen!
Cito veniat! Er soll schnell kommen!
Cito veniamus! Lass(t) uns schnell kommen!

Gesamtbrief-Interpretation:

1 Arbeiten Sie den Charakter der Penelope heraus, der sich aus dem gesamten Brief für Sie ergibt.

2 Das Lesepublikum besitzt bei der Lektüre naturgemäß mehr Vorwissen über das im Brief angesprochene Geschehen als das Brief-Ich Penelope: Weisen Sie die entsprechenden Stellen/ Elemente im Text nach und beschreiben Sie, wie sich dies auf Ihre Interpretation des Textes auswirkt.

3 Der Brief ist – wie für Ovid typisch – sehr stark von der Rhetorik geprägt, d. h. er wirkt für das römische Lesepublikum wie eine Überzeugungs-Rede. Teile solcher Reden sind:
   – *prooemium* (Einleitung, Hinführung zum Thema)
   – *narratio* (Bericht über das Geschehene)
   – *argumentatio* (Anführen von Argumenten)
   – *conclusio* (Schlussfolgerung)
   Gehen Sie den Brief noch einmal durch und identifizieren Sie diese Redeteile (sie können sich auch z. T. überlappen).

4 Die Heroides-Briefe enthalten zudem viele Merkmale der römischen Liebeselegie: *servitium amoris – foedus aeternum – paraklausíthyron/exclusus amator – dura puella/domina – militia amoris;* weisen Sie diese Topoi der Liebeselegie oder auch deren Verfremdung im Brief nach.

Dido an Aeneas

6. Dido stellt unbequeme Fragen (Ov. Her. 7,1–22; B)

*Aeneas kommt nach der Zerstörung Trojas mit seiner restlichen Mannschaft in Karthago an,
wo die Königin Dido herrscht. Sie verliebt sich in Aeneas. Doch nach einer längeren Liebesbeziehung der beiden treiben die Götter Aeneas dazu an, weiter nach Italien zu segeln, um dort
die römische Herrschaft zu begründen. Aeneas verlässt Karthago heimlich, ohne sich von Dido
zu verabschieden. Sie sieht ihn davonsegeln und schreibt ihm vor ihrem Suizid noch einen Brief:*

Lies, Aeneas, den Brief der sterbenden Dido: Wenn du

ihn liest, liest du meine letzten Worte.

Nec quia te nostrā sperem prece posse moverī,

    alloquor: adverso scripsimus ista deo!

5 Sed meritī famam corpusque animumque pudicum

    cum male perdiderim, perdere verba leve est.

Certus es ire tamen miseramque relinquere Didon

    atque idem ventī vela fidemque ferent.

Certus es, Aenea, cum foedere solvere naves

10   quaeque ubi sint nescis, Itala regna sequi.

Nec nova Karthago, nec te crescentia tangunt

    moenia nec sceptro tradita summa tuo?

Facta fugis, facienda petis; quaerenda per orbem

    altera, quaesita est altera terra tibi.

15 Ut terram inveniās: quis eam tibi tradet habendam?

    Quis sua non notis arva tenenda dabit?

Alter habendus amor tibi restat et altera Dido

    quamque iterum fallas, altera danda fidēs.

Quando erit, ut condas instar Karthaginis urbem

20   et videas populos altus ab arce tuos?

Omnia ut eveniant nec di tua vota morentur:

    unde tibi, quae te sic amet, uxor erit?

prex, precis *f.*: Bitte

adversō deō: gegen den göttlichen Willen – **meritum**: Wert, Würde – **-que … -que**: sowohl … als auch
male: auf üble Weise

ventus: Wind – **ferre**: wegtragen

quae-que: *ordne*: et sequī Ītala regna, quae nescīs, ubi sint
crēscentia: *bezieht sich auf das noch im Aufbau befindliche Karthago* – **tangere**: berühren – **scēptrum**: *hier* Herrschaft – **summa**: Macht – **orbis**: Welt

ut + *Konj.*: *hier* selbst wenn

arvum: (Acker-)Land

habendus: noch zu erreichend – **restāre** + *Dat.*: warten auf **quam-que**: *ordne*: et altera danda fidēs, quam iterum fallās
īnstar + *Gen.*: gleich, wie
arx, arcis: Burg(berg) *der antiken Städte* – **ut**: *s. o.*

1　In den ersten Versen ihres Briefes drückt Dido ihre Verzweiflung aus: Weisen Sie dies anhand des Textes nach und erklären Sie, welche Wirkung diese Worte auf Aeneas haben sollen.

2　Der zweite Textabschnitt ist stark rhetorisch geprägt: Weisen Sie die besonders auffälligen Stilmerkmale nach und erläutern Sie deren Funktion (z. B. Anapher, Zeugma, Alliteration, Paradoxon, Chiasmus, Polyptoton etc.).

3　Dido macht v. a. im zweiten Abschnitt eine Gegenüberstellung: Was hat Aeneas in Karthago erreicht – was muss er auf der weiteren Reise noch erreichen? Stellen Sie die Punkte tabellarisch zusammen und erklären Sie, was Dido damit jeweils genau meint; beurteilen Sie die Plausibilität ihrer Argumentation.

S　Gerundivum richtig übersetzen

Das Gerundivum ist eine adjektivische -nd-Form. Ursprünglich bezeichnet sie vermutlich etwas, das noch zu tun ist bzw. getan werden muss/kann. Bei Ovid kommt diese adjektivische Bedeutung häufig vor:

res faciendas petis: du suchst Dinge, die noch gemacht werden müssen

danda fidēs restat: es wartet ein Versprechen, das gegeben werden muss

Nach den Verben des Gebens oder Übertragens können diese Gerundiva auch mit einem Infinitiv oder Verbalsubstantiv übersetzt werden:

tibi trado terram habendam: ich übertrage dir das Land zum Besitz(en)

K　Das antike Karthago

Das antike Karthago war eine der bedeutendsten Handelsmächte des Mittelmeerraums und ursprünglich eine phönizische Gründung. Auf Phönizisch lautete der Stadtname: Qart-Ḥadašt = »neue Stadt«, d. h. »Neu-Tyros«, denn es handelte sich um eine Kolonie der Mutterstadt Tyros in Phönizien. Historisch wurde die Stadt wohl erst im 9. oder 8. Jh. v. Chr. gegründet. Nach antiker Chronologie fand der Trojanische Krieg und damit die Flucht des Aeneas über Karthago jedoch schon im 12. Jh. v. Chr. statt. Dido hieß in der antiken Überlieferung auch Elissa, was tatsächlich ein historisch belegter Name in Karthago ist. Ob es sich dabei aber um eine mythische Gründerin handelt, ist unwahrscheinlich. In historischer Zeit war Karthago keine Monarchie, sondern ein typisch mediterraner Stadtstaat mit ähnlichen politischen Strukturen wie Rom: An der Spitze standen zwei jährlich zu wählende »Sufeten« als höchste Verwaltungsbeamte. Sie leiteten den für die Verwaltung zuständigen Rat der Stadt (~ Senat). Die phönizische Sprache ist relativ eng mit dem Hebräischen und Aramäischen verwandt und gehört wie Arabisch zu den semitischen Sprachen. Aus der griechischen Bezeichnung *Phoinikes* wurde im Lateinischen *Poenī* oder *Pūnī* (»Punier«).

7. Aeneas' »Lügen« (Ov. Her. 7,73–96; A)

Im weiteren Verlauf des Briefes nennt Dido die vielen Gefahren einer Seefahrt mitten im Winter (Seestürme), die eine Abfahrt gerade zu diesem Zeitpunkt unsinnig erscheinen lassen. Schließlich wirft sie ihm vor, was er sich (angeblich) zu Schulden kommen ließ.

Warte doch wenigstens ein bisschen ab mit deiner Fahrt;

dann ist die Fahrt sicherer!

Nec mihi tu curae; puero parcatur Iulo!   **mihi cūrae est**: mir liegt am Herzen

      Te satis est titulum mortis habere meae.   **titulus**: *ironisch* Ehrentitel

5   Quid puer Ascanius, quid di meruere Penates?   **Penātēs/deōs**: *Aeneas hatte die Penaten aus Troja gerettet*

      Ignibus ereptos obruet unda deos?   **<ex> ignibus**: *Abl. separativus*

Aber du trugst ja gar nicht die Penaten und deinen Vater

Anchises auf deinen Schultern!

Omnia mentiris; neque enim tua fallere lingua   **mentīrī**: lügen – **fallere**: täuschen

10   incipit a nobis, primaque plector ego: **ā**: *hier* bei, mit – **plectī**: leiden, bestraft werden – **māter** = *Creūsa* –

      Si quaeras, ubi sit formosi mater Iuli: **Iūlus** = *Ascānius*

        occĭdit a duro sola relicta viro!

Das hattest du mir alles erzählt; ich hätte gewarnt sein

müssen!

15   Nec mihi mens dubia est, quin te tua numina damnent: **quīn**: dass

      per mare, per terras septima iactat hiems.   **hiēms**: *hier = annus*

      Fluctibus eiectum tuta statione recepi;   **<ex> fluctibus**: *Abl. separativus*

      vixque bene audito nomine regna dedi.

      His tamen officiis utinam contenta fuissem   **officium**: Hilfe, Gefälligkeit

20   nec mea concubitu fama sepulta foret!   **concubitus**, ūs: Zusammensein, Sex – **sepelīre**, sepeliī, sepultum: begraben

      Illa dies nocuit, qua nos declive sub antrum   **antrum**: Höhle, Grotte

        caeruleus subitis conpulit imber aquis.   **caeruleus**: dunkel – **imber**: Regenguss – **ululāre**: jubeln

      Audieram vocem; nymphas ululasse putavi:

        Eumenides fatis signa dedere meis.

1   *Vor der Übersetzung:* Informieren Sie sich über die von Dido angesprochene Vorgeschichte von Aeneas' Flucht aus Troja (s. u.); identifizieren Sie die jeweiligen Fakten im Text.

2 Beschreiben Sie die Gefühlslage Didos am Beginn des Textabschnitts.

3 Beurteilen Sie die Schlüssigkeit von Didos Vorwürfen gegenüber Aeneas.

4 Im letzten Textabschnitt erwähnt Dido die erste intime Begegnung mit Aeneas: Vergleichen Sie den Heroides-Abschnitt mit der entsprechenden Vergil-Stelle (s. u.): Worin liegen Gemeinsamkeiten bzw. Unterschiede der ovidischen (Brief) und vergilischen (Epos) Darstellung?

5 Bei Ovid und Vergil ist von der »Schuld« Didos die Rede, als sie eine Beziehung mit Aeneas beginnt: Erklären Sie dies und erörtern Sie, ob Dido wirklich durch die neue Beziehung »schuldig« wurde.

K Die Umstände von Aeneas' Flucht aus dem brennenden Troja

Als Troja brannte und von den Griechen geplündert wurde, floh Aeneas aus der Stadt und nahm seine Familie samt den Penaten (Schutzgötter des Hauses) mit. Aeneas nahm seinen Vater Anchises auf den Schultern und seinen kleinen Sohn Ascanius/Iulus an der Hand mit. Aeneas' Frau Crëusa folgte hinter ihnen, ging dann aber im Getümmel der Flucht verloren. So reiste Aeneas nur mit seinem Vater und seinem Sohn und einigen anderen Überlebenden per Schiff weiter über das Mittelmeer, bis ein Sturm sie nach Karthago brachte. Dort herrschte Dido, die zuvor mit Sychaeus verheiratet gewesen war. Nach dessen Tod hatte sie geschworen, nie wieder zu heiraten.

Nicolas Poussin: Der Brand Trojas (ca. 1600)
(© Private Collection/Bridgeman Images)

T K Literarische Vorlagen: Dido und Aeneas in Vergils *Aeneis* 4,160–172

Interea magno misceri murmure caelum incipit, insequitur commixta grandine nimbus,	Doch allmählich beginnt dumpf polterndes Grollen den Himmel aufzuziehen; dann folgt ein Regen- und Hagelschauer.
Alle suchen irgendwo Schutz	…
Speluncam Dido dux et Troianus eandem deveniunt. Prima et Tellus et pronuba Iuno dant signum; fulsere ignes et conscius aether conubiis summoque ulularunt vertice Nymphae. Ille dies primus leti primusque malorum causa fuit; neque enim specie famave movetur nec iam furtivum Dido meditatur amorem: coniugium vocat, hoc praetexit nomine culpam.	Dido und Trojas Fürst Aeneas kommen in dieselbe Höhle. Das Zeichen geben zuerst die Erdgöttin Tellus und Juno, Göttin der Hochzeit; Blitze zuckten durch die Luft, und der Äther, als Zeuge der Hochzeit, brennt ringsum; laut jubelten vom Gipfel des Berges die Nymphen. Dies war der Tag, der zuerst zu Didos Tod, der zuerst zu ihrem Unheil Anlass gab. Nicht lässt sich Dido danach durch Ansehen und Anstand bestimmen, sie denkt nicht mehr an heimliche Liebe; ›Ehe‹ nennt sie die Schuld und beschönigt sie mit diesem Namen.

8. Aeneas' Verhalten als *(im)pius* (Ov. Her. 7,121–154; C)

Dido stellt heraus, was sie bereits geleistet hat, und wirft Aeneas danach vor, dass sein bis-
heriges Verhalten bei näherer Betrachtung gar nicht so vorbildlich ist, wie er selbst vorgibt.

Urbem constitui lateque <u>patentia</u> fixi: **patēre:** sich erstrecken

moenia finitimis invidiosa locis.

Tausend Freiern gefiel ich; sie haben sich beschwert, ich

hätte ihnen irgend so einen dahergelaufenen Flüchtling

5 *vorgezogen.*

Quid dubitas vinctam <u>Gaetulo</u> tradere <u>Iarbae</u>? **Gaetūlus Iarbās:** *Der Gaetuler-*

<u>Praebuerim</u> sceleri <u>bracchia</u> nostra tuo. *bzw. Berberfürst Iarbas wollte Dido*
mit Gewalt heiraten – **bracchium:**
<u>Pone</u> deos et <u>quae</u> tangendo sacra profanas! *Arm –* **pōnere:** wegstellen – **quae:**

Non bene <u>caelestes</u> impia dextra colit. *ordne: et sacra, quae tangendō*
profānās – **caelestēs** = *deōs*

10 *Selbst wenn du die trojanischen Götterbilder retten*

solltest: Jetzt bereuen es diese Götter schon selbst, von dir

gerettet zu sein!

Forsitan et <u>gravidam</u> Didon, scelerate, relinquas, **gravida:** schwanger

parsque tui lateat corpore clausa meo.

15 Accedet fatis matris miserabilis infans

et nondum <u>nato</u> <u>funeris</u> auctor eris. **fūnus, eris:** Tod

Cumque <u>parente</u> sua frater morietur <u>Iuli</u>, **parēns** = *māter* – **Iūlus** = *Ascānius*

poenaque conexos <u>auferet</u> una duos. **auferre:** vernichten

Vermutlich sagst du über deine Abreise:

20 »<u>Sed iubet ire deus</u>!« <u>Vellem</u> vetuisset adire, **vellem** + *Konj.:* ich wollte (*Irrealis*),
dass – **Pūnicus:** karthagisch –
<u>Punica</u> nec <u>Teucris</u> pressa fuisset humus. **Teucrī** = *Troiānī*

<u>Hōc duce</u> <u>nempe</u> deo ventis agitaris <u>iniquis</u> **nempe:** denn, etwa

et <u>teris</u> in rapido tempora longa <u>freto</u>? **terere:** verbringen – **fretum** = *mare*

Non patrium Simoenta petis, sed <u>Thybridis</u> undas; **Thybris, idis** = *Tiberis*

25 <u>nempe ut</u> pervenias, quo cupis, hospes eris. **nempe:** denn, doch – **ut** + *Konj.:*
selbst wenn

Die neue Heimat wird sich vor dir verbergen, und erst als

alter Mann wirst du sie erreichen.

Hos potius populos in dotem <u>ambage remissā</u>

accipe et advectas Pygmalionis opes.

30 *Bleib doch einfach hier als König und herrsche über*

Trojaner und Karthago!

hōs populōs = *Karthāginēnsēs* –
ambāge remissā: ohne Umweg –
Pygmaliōnis opēs: *die Schätze von Didos Bruder Pygmalion*

1 Stellen Sie die Punkte in Didos Briefabschnitt zusammen, die gegen eine Weiterreise nach Italien sprechen. Beurteilen Sie die Plausibilität von Didos Argumentation.

2 Dido spricht Aeneas im Grunde seine Eigenschaft als *pius* ab: Stellen Sie die Gründe hierfür aus dem Text zusammen und beurteilen Sie deren Schlüssigkeit.

3 Der Götterwille spielt vor allem in Ovids Vorlage, nämlich in Vergils *Aeneis,* eine zentrale Rolle: Arbeiten Sie heraus, welches Bild von den Göttern und dem göttlichen Willen Dido in diesem Briefabschnitt entwirft.

4 Dido hat im Grunde schon vieles erreicht, was Aeneas noch zu erreichen sucht: Stellen Sie die Lebensleistungen Didos und die noch zu bestehenden Aufgaben des Aeneas einander gegenüber.

K Karthagos Schicksal nach Aeneas' Abreise und Didos Suizid

In ihrem Brief erwähnt Dido den Herrscher der benachbarten Gaetuler (Numidien) namens Iarbas. Laut der literarischen Überlieferung wollte er Dido unbedingt heiraten und war sehr eifersüchtig auf Aeneas. Für seine Zurückweisung durch Dido wollte er gewaltsam Rache nehmen: Nach Aeneas' Abreise und Didos Suizid unterwarf er das schutzlose Karthago, wie Ovid in einem anderen seiner Werke (*Fasti* 3,551 ff.) berichtet.

Didos Schwester Anna floh vor Iarbas und begab sich hilfesuchend nach Italien zu Aeneas, der sie freundlich aufnahm. Allerdings war Aeneas' neue Ehefrau Lavinia eifersüchtig, so dass Anna erneut floh und sich schließlich in den Fluss Numicius stürzte.

9. Briefschluss: Didos Tod und Grüße an ihre Schwester Anna (Ov. Her. 7,181–196; A)

Am Schluss ihres Briefes kündigt Dido an, ihrem Leben ein Ende zu setzen. Außerdem richtet sie noch einige Worte an ihre Schwester Anna und trägt ihr auf, sich um den Grabstein zu kümmern.

Si minus, est animus nobis effundere vitam;

    in me crudelis non potes esse diu.

Könntest du wenigstens mein Gesicht sehen, während ich

schreibe; gremio Troicus ensis adest;

5 perque genas lacrimae strictum labuntur in ensem,

    qui iam pro lacrimis sanguine tinctus erit.

Quam bene conveniunt fato tua munera nostro!

    Instruis impensā nostra sepulcra brevi.

Nec mea nunc primum feriuntur pectora telo:

10 ille locus saevi vulnus amoris habet.

Anna soror, soror Anna, meae male conscia culpae:

    iam dabis in cineres ultima dona meos.

Nach meiner Verbrennung soll auf meinem Grabstein

stehen: ›Dido, Frau des Sychaeus‹.

15 Hoc tantum in tumuli marmore carmen erit:

›Praebuit Aeneas et causam mortis et ensem.

    Ipsa suā Dido concĭdit usa manu.‹

sī minus: wenn du nicht <bei mir bleiben willst> – **est animus nōbīs:** ich will

<in> gremiō: *Abl. loc.* auf meinem Schoß – **strictus:** gezückt, bereit

tingere, tinxī, tinctum: färben

mūnus, eris *n.:* Geschenk

īnstruere: aufstellen – **impēnsa:** Aufwand – **ferīre:** verletzen – **pectus,** oris *n.:* Herz – **tēlum:** Waffe

male: auf schreckliche Weise

iam: schon bald – **cinis,** eris *m.:* Asche

tumulus: Grabmal

concĭdere: sterben

---

1   Der Briefschluss ist insgesamt besonders emotional und zugleich sarkastisch gestaltet: Weisen Sie emotionale und sarkastische Elemente im Text nach.

2   Die letzten Verse richten sich auf der einen Seite an Didos Schwester Anna, stehen aber doch in dem Brief an Aeneas. Erklären Sie, warum Ovid den Briefschluss so gestaltet hat.

3   Versetzen Sie sich in die Lage des Aeneas (falls er den Brief überhaupt bekommen haben sollte!): Formulieren Sie, was Aeneas bei der Lektüre dieses Briefschlusses gefühlt haben dürfte.

Gesamtbrief-Interpretation

1   Der Dido-Brief ist besonders stark an den rhetorischen Vorgaben einer Rede orientiert und besteht im Wesentlichen aus Passagen, die der *narratio* oder der *argumentatio/refutatio* zugeordnet werden können: Weisen Sie diese Passagen im Text nach.

2   In der älteren (rein männlich dominierten) Forschung wurde Dido in diesem Heroides-Brief als »tränenreiches Weib« kritisiert: Sie verstehe das Schicksal und den göttlichen Auftrag des Aeneas nicht, sie sei »typisch weiblich« nur auf ihr persönliches Liebesglück fokussiert und ergehe sich in end- und sinnlosen Klagen. In der neuen feministischen Forschung hingegen wird Dido geradezu zum weiblichen Heldinnen-Typus und Vorbild. Finden Sie im Brief Grundlagen für die unterschiedlichen Forschungsmeinungen und formulieren Sie ein eigenes begründetes Urteil zu Dido.

3   Vermutlich kennen Sie den Dido- und Aeneas-Mythos schon aus dem Lehrbuchunterricht. Stellen Sie Elemente aus dem Brief zusammen, die von Ihrem bisherigen Bild von Dido abweichen oder für Sie überraschend waren.

K   Suizid in der Antike

In der Antike war die Selbsttötung anders als in unserer heutigen Gesellschaft deutlich weniger tabuisiert. Dies lässt sich schon am Fehlen eines eigenen lateinischen Wortes hierfür erkennen: So bezeichnet lat. *mors* sowohl den Tod als auch die Selbsttötung. Gemäß der stoischen Lehre und auch im militärischen Ehrenkodex des römischen Heeres war

in bestimmten Situationen für freie Bürger der Freitod sogar ethisch verpflichtend: Dies galt z. B. für Situationen, bei denen man durch den Suizid der Schande der Versklavung oder anderen gesellschaftlich stigmatisierenden Demütigungen zuvorkommen konnte. Wer sich in solchen Situationen nicht selbst tötete, brachte dann sogar Schande über seine Familie. Allerdings war die Selbsttötung eher eine Angelegenheit von Männern. Daher dürfte der Suizid Didos für das römische Lesepublikum als ungewöhnlich – quasi heroisch – gewirkt haben. Andererseits tötet sich Dido aber nicht nach einer militärischen Niederlage, sondern aus Liebe, was in Rom eher nicht als ehrenwert (*honestum*) galt.

Peter Paul Rubens: Didos Tod (ca. 1600)

Medea an Jason

10. Medea ist von Jason verlassen worden (Ov. Her. 12,7–20; B; 29–38; A)

Die kolchische Königstochter Medea ist von dem blonden Schönling Jason verlassen worden, obwohl er ihr den Raub des Goldenen Vlieses und letztlich sein Leben verdankt. Aber Jason hat mit der korinthischen Königstochter Krëusa (sprich: Kre-úsa) eine offenbar bessere Partie geheiratet. Nun schreibt sie ihm einen Brief. Am Beginn des Briefes beklagt sie sich über ihr Schicksal und bereut, Jason überhaupt getroffen zu haben:

Ei mihi! Cur umquam iuvenalibus acta lacertis

    Phrixeam petiit Pelias arbor ovem?

Cur umquam Colchi Magnetida vidimus Argon

    turbaque Phasiacam Graia bibistis aquam?

5 Cur mihi plus aequo flavi placuere capilli

    et decor et linguae gratia ficta tuae?

Oder als die Argo mit wagemutigen Griechen zu uns nach

Kolchis kam: Hätte ich Jason da doch nicht mit Zauber-

mitteln geschützt und wäre er von den feuerschnauben-

10 *den Stieren verbrannt worden! Oder wäre er selbst von*

der Drachensaat, die er gesät hat, getötet worden!

Quantum perfidiae tecum, scelerate, perisset!

    Dempta forent capiti quam mala multa meo!

Accipit hospitio iuvenes Aeeta Pelasgos;

15   et premitis pictos corpora Graia toros.

Tunc ego te vidi, tunc coepi scire, quis esses;

    illa fuit mentis prima ruina meae.

Et vidi et perii! Nec notis ignibus arsi,

    ardet ut ad magnos pinea taeda deos.

20 Et formosus eras et me mea fata trahebant:

    Abstulerant oculi lumina nostra tui.

Perfide, sensisti! Quis enim bene celat amorem?

    Eminet indicio prodita flamma suo.

āctus: *hier* angetrieben, gerudert –
lacertus: Arm
Pēlias arbor: *meint hier das aus einem Baum vom Pelion gezimmerte Schiff Argo* – **Phrixēa ovis:** das Goldene Vlies – **Colchī:** (wir) Kolcher – **Magnētida Argon** *Akk.:* die Argo aus Magnesia – **turba Grāia:** die Griechen – **Phāsiacus:** vom Fluss Phasis – **plūs aequo:** mehr als gut – **fictus:** verlogen

Aeēta = *Aeētēs* – **Pelasgī** = *Graecī*

Grāius = *Graecus* – **torus:** Polster, Speisesofa

ardēre, arsī, arsum: brennen

ad + *Akk.: hier* zu Ehren – **taeda:** Fackel – **trahere:** *hier* fort-/mitreißen

lūmen = *oculus*

perfidus: treulos

indicium: Kennzeichen, Merkmal – **prōditus:** sich verratend

1 *Vor der Übersetzung:* Suchen Sie die Eigen- und Ortsnamen heraus und informieren Sie sich über Medeas und Jasons Abstammung sowie über die Reiseroute der Argonauten bis Kolchis.

2 Stellen Sie die Informationen zusammen, die der Text zum Raub des Goldenen Vlieses enthält.

· 3 Beschreiben Sie, wie Medea ihre erste Begegnung mit Jason empfunden hat. Analysieren Sie dazu auch Sprache und Stil des zweiten Textabschnitts.

S Zielsprachenorientiert übersetzen (»Gesagtes« und »Gemeintes«)

Besonders in poetischen Texten fällt es oft schwer, das lateinische Original in eine ästhetisch befriedigende deutsche Fassung zu bringen. Um das »Gemeinte« des Originals zu treffen, muss man sich oft von dem genauen Wortlaut (»Gesagtes«) des lateinischen Textes lösen und kreativ werden.

In dem vorherigen Textabschnitt heißt es z. B.:

Aeeta iuvenes accipit hospitio

»Aietes nahm die jungen Männer in/durch Gastfreundschaft auf«

Gemeint ist vom Deutschen her aber eher:

»Aietes nahm die jungen Männer gastfreundlich auf«.

Überlegen Sie auch an anderen Stellen, wie das Gemeinte im Deutschen besser wiedergegeben werden kann, indem man den genauen Wortlaut des Originals (das Gesagte) kreativ verändert, z. B. bei: *illa fuit prima ruina mentis meae* oder bei: *nec notis ignibus arsi*.

K Mythen rund um Kolchis, Jason und Medea

Das Goldene Vlies: Ein Widder mit einem goldenen Fell (= Vlies; vgl. engl. *fleece*) rettet die Geschwister Phrixos und Helle vor ihrer eifersüchtigen Stiefmutter und bringt sie sicher aus dem griechischen Böotien nach Kolchis (heute: Georgien) am Schwarzen Meer, wo König Aietes regiert. Als Dank für die Rettung wird der Widder den Göttern geopfert. Aietes lässt das Vlies von einem nie schlafenden Drachen bewachen, bevor es von Jason geraubt wird.

Jason und Medea: Der aus Thessalien (Nordgriechenland) stammende Sohn des Aison raubt im Auftrag seines Onkels Pelias das Goldene Vlies. Sein Schiff heißt Argo und kann sprechen. Jason ist ein großer Frauenheld: Auf seiner Reise nach Kolchis begegnet er der Königin Hypsipyle, die sich in ihn verliebt. Jason hat mit ihr zwei Kinder und schwört ihr ewige Treue. Doch dann verlässt er sie und begegnet in Kolchis Aietes' Tochter Medea, die sich auch in ihn verliebt. Wieder zurück in Griechenland verliebt er sich in die korinthische Königstochter Krëusa (bzw. Glauke) und verlässt für sie Medea, mit der er schon zwei Kinder hat.

Ovid hat auch das Schicksal Hypsipyles in einem Heroides-Brief (Nr. 6) beschrieben, so dass der Leser von Brief 12 die beiden Geschichten verbinden kann.

Vollständige Route der Argonauten

Anhand der Karte können Sie die vollständige Reiseroute der Argonauten nachvollziehen: Die Reise Jasons beginnt in Iolkos in der nordgriechischen Landschaft Thessalien. Nach der Ankunft in Kolchis müssen die Argonauten mit Medea vor den kolchischen Verfolgern fliehen. Dabei gelangen sie laut mythologischer Überlieferung auf abenteuerliche Weise über die Donau durch den Balkan bis nach Italien (ist per Schiff nicht möglich!) und dann über Afrika zurück nach Griechenland. In Korinth finden Sie bei König Kreon Asyl, in dessen Tochter Krëusa sich Jason dann verliebt. Nach Jasons Hochzeit mit Krëusa flieht Medea ihrerseits nach Athen, wo ihr König Aigeus Asyl gibt. Aigeus heiratet Medea, die damit zur Stiefmutter des athenischen Heros Theseus wird.

Die Heimkehr der Argonauten nach Griechenland (Öl auf Holz, 1480)

Medea und ihre Familie

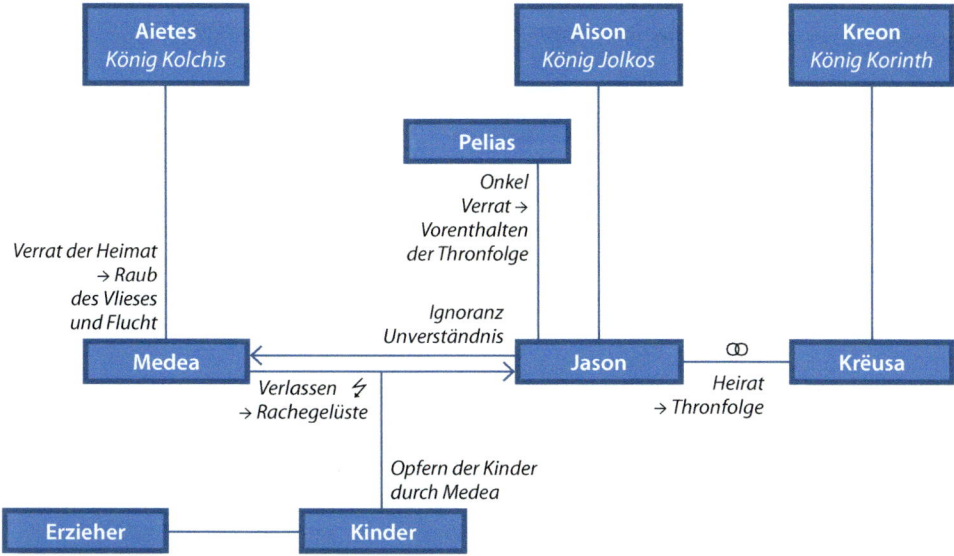

Medea ist von göttlicher Abstammung: Ihr Vater Aietes war der Sohn des Sonnengottes (lat. *Sol* bzw. griech. *Helios*). Vom Sonnengott haben Medea und ihre Geschwister die besonders hell strahlenden Augen geerbt, an denen sie von allen anderen Verwandten sofort erkannt werden.

Aufgrund ihrer Abstammung vom Sonnengott kann Medea nach der Tötung ihrer Kinder nach mythologischer Überlieferung auf dem Sonnenwagen vor Jason in die Lüfte fliehen, als dieser sich an Medea rächen will.

11. Die Umstände des Vlies-Raubes (Ov. Her. 12,51–88; A)

Medea erinnert Jason an die Bedingungen, die ihr Vater Aietes den Argonauten gestellt hat:
Jason musste die Feuer speienden Stiere des Kriegsgottes Ares vor einen Pflug spannen und
auf einem Feld Drachenzähne aussäen – eigentlich eine unmögliche Aufgabe:

so hatte Aietes gesagt   *alles*

(sic) dixerat Aeetes; maesti consurgitis omnes,

     und
     mensaque purpureos deserit alta toros.

> **dēserere:** verlassen *bzw. hier eher* entfernt werden von – **torus:** Sofa, Liege – **ūdus:** nass

Tristis abis. Oculis abeuntem prosequor udis,

     et dixit tenui murmure linguă: »Vale!«

     sitsam   *verletzt*
5   Ut positum tetigi thalamo male saucia lectum,

     acta est per lacrimas nox mihi quanta fuit.

> **ut** + *Ind.:* als – **tangere,** tetigī, tāctum: erreichen – **thalamō:** *Abl. loc.* im Schlafzimmer – **male:** *hier* ziemlich – **lectus:** Bett – **agere,** ēgī, āctum: verbringen – **quanta** <nox>: solange wie *bzw. hier die ganze* <Nacht> – **-que ... -que:** sowohl ... als auch – **seges,** segetis *f.:* (Drachen-)Saat – **anguis:** Schlange, Drache – **soror:** *Medeas Schwester Chalciope hat Mitleid mit den Griechen*

Ante oculos taurique meos segetes-que nefandae,

     ante meos oculos pervigil anguis erat.

Hinc amor, hinc timor est; ipsum timor auget amorem.

10   Mane erat et thalamo cara recepta soror,

und Chalciope fand mich mit zerrauften Haaren auf dem
Gesicht weinend liegen.

Orat opem Minyis, alter petit, impetrat alter;

> **Minyīs** = *Graecīs (Dat.)*

     Aesonio iuveni, quod rogat illa, damus.
     Italien

> **Aesonius iuvenis** = *Iason* – **damus:** *ordne* damus Aesoniō iuvenī <id>, quod illa rogat

es gab einen offener Platz in Kolla   *Laub der Eiche*
    dorthin es ist kaum möglich dahin zu   *schwarz*
15   Est nemus et piceis et frondibus ilicis atrum;
     vix illuc radiis solis adire licet.   *gehen*

> **picea:** Fichte – **frondēs** *Pl.:* Laub – **īlex,** īlicis: Eiche – **licet** + *Dat.:* es ist möglich für – **dēlūbra** *n.Pl.:* Heiligtum

Sunt in eo (fuerant certe) delubra Dianae:

     Aureă barbarică stat deă factă manū.

> **dea:** *hier ist die* Statue *der Göttin Diana gemeint*

Hast du das schon vergessen? Venimus illuc.

20   Orsus es infido sic prior ore loqui;

> **ordīrī,** orsus sum: anfangen

     unser Schicksal
     »Ius tibi et arbitrium nostrae fortuna salutis

> **fortuna** *ist Subjekt*

     tradidit, inque tua est vitaque morsque manu.

> **-que ... -que:** *s. o.*

Jemand zu vernichten mag befriedigen, aber mich zu
retten, bringt dir gewiss mehr Ruhm.
    ich werde retten
   Bei schlecht unser bitten   *du kennst sein Hilfe*
25   Per mala nostra precor, quorum potes esse levamen,
   Bei Herkunft und Name alle sehend Ahn
     per genus et numen cuncta videntis avi,

> **per:** *hier* bei (Beschwörung) – **levāmen:** Hilfe, Linderung – **avus:** *(Medeas)* Großvater *war der Sonnengott Sol*

per triplices vultūs arcanaque sacra Dianae,

Bei dreifacher Erscheinung und heilige Diana / mystinöse / auch sich vielleicht andere sich auf Götter (handwritten annotations)

    et si forte aliquos gens habet ista deos:

O virgo, miserēre mei, miserēre meorum,

30 *lass mich für immer der Deine sein!*

Quodsi forte virum non dedignare Pelasgum (…):

Eher will ich sterben, als dass ich eine andere Frau

heiraten werde.

Conscia sit Iuno sacris praefecta maritis

35   et deā marmoreā cuius in aede sumus!«

triplicēs vultūs: dreifache Erscheinung *(die Göttin hatte als Hekate, Diana und Mondgöttin Luna drei Identitäten)* – **miserere** + Gen.: erbarme dich *Imperat. vom Deponens*

quodsī: wenn aber – **Pelasgus** = *Graecus* – **dēdignāre** = *dēdignāris* < **dēdignārī**: ablehnen, verschmähen

sacra marīta *n.Pl.*: Hochzeitsritual

1 Beschreiben Sie, welches Bild Medea von sich im ersten Abschnitt zeichnet.

2 Im zweiten Abschnitt erzählt Medea noch einmal genau, was bei dem ersten heimlichen Treffen geschah, obwohl Jason dies ja alles selbst miterlebt hat: Begründen Sie, warum Medea dies alles nacherzählt und welche Wirkung dies auf Jason haben soll.

3 Medea zitiert in ihrem Brief Jasons Worte bei dem heimlichen Treffen: Erklären Sie, welches Bild von Jason sich hieraus für das »wissende Lesepublikum« ergibt, das den Fortgang der Geschichte kennt.

4 Erklären Sie die Symbolik und Stimmung des Ortes, an dem sich Medea und Jason heimlich treffen; nutzen Sie dazu auch die Informationen zu Diana/Hekate.

K Diana/Artemis–Hekate–Luna/Selene: drei Frauengöttinnen in einer

Die griechische Göttin *Artemis* hieß in Rom *Diana*: Sie war die jungfräuliche Göttin der Jagd und Wildnis, besaß also durchaus etwas Wildes und Bedrohliches. Sie wurde etwa ab dem 8. Jh. v. Chr. mit der eigentlich aus Kleinasien stammenden Göttin *Hekate* gleichgesetzt. Hekate war die Göttin der Zauberei und Wächterin zwischen den Welten der Toten und Lebenden. Vor allem an Wegkreuzungen gab es Heiligtümer für sie. Typisch war schließlich die Gleichsetzung mit der Mondgöttin (lat. *Luna* bzw. griech. *Seléne*), die für die Nacht und den Schlaf, also ebenfalls das Unkontrollierbare, stand. Diese Göttinnen-Trias war in der Antike besonders der Welt der Frauen zugeordnet.

Hekate: Attika 3. Jh. v. Chr.

12. Medea stürzt ins Unglück (Ov. Her. 12,105–120; 134–154; B)

Medea hat sich in Jason getäuscht: Als ›Ausländerin‹ hat die Königstochter plötzlich schlechte Karten. Sie macht sich Selbstvorwürfe wegen ihres Verhaltens.

Illa ego, quae tibi sum nunc denique barbara facta,
    nunc tibi sum pauper, nunc tibi visa nocens;

ich habe den Drachen eingeschläfert, und du konntest
sicher das Vlies rauben.

5 Proditus est genitor, regnum patriamque reliqui;   **genitor** = *pater (Aietes)*

    munus, in exilio quod licet esse, tuli;   **mūnus ferre**: als Geschenk bekommen – **quod**: dass – **latrō, ōnis**: Dieb

    virginitas facta est peregrini praeda latronis,

    optima cum cara matre relicta soror.

    At non te fugiens sine me, germane, reliqui.   **germānus**: Bruder (Apsyrtos: auf der Flucht von Jason oder Medea getötet) – **dēficere**: stocken

10 Deficit hoc uno littera nostra loco:

    quod facere ausa mea est, non audet scribere dextra.   **facere** = Ermordung des Apsyrtos – **mea dextra**: meine rechte Hand – **fuī** = *essem/fuissem*

    Sic ego, sed tecum, dilaceranda fui!

    Nec tamen extimui (quid enim post illa timerem?)

    credere me pelago femina iamque nocens.   **sē crēdere** + Dat.: sich anvertrauen

15 *Wo sind die Götter, wo ihr Wille? Eigentlich sollten du und*
ich auf dem Meer die gerechte Strafe erleiden (= untergehen)!

Iussa domo cessi natis comitata duobus   **domō**: aus deinem (= Jasons) Haus – **nātus** = *fīlius* – **comitātus** + Abl.: begleitet von – **amor tuī**: Liebe zu dir

    et, qui me sequitur semper, amore tui.

Als ich dann auch noch die Musik zu deiner Hochzeit mit
Krëusa hörte, erfasste mich Schrecken: Ich konnte mir so

20 *ein Verbrechen nicht vorstellen! Aber innerlich bin ich kalt.*

Diversi flebant servi lacrimasque tegebant;   **dīversus**: abgewandt (vor Trauer/ Empörung)

    quis vellet tanti nuntius esse mali?

Cum minor e pueris iussus studione videndi   **-ne**: hier *oder* (verbindet iussus u. studiō) – **gemina foris**: Doppeltor – **līmen**: Schwelle

    constitit ad geminae limina prima foris:

25 »Hinc« mihi »mater adi! Pompam pater« inquit »Iason   **pompa**: Hochzeitszug

    ducit et adiunctos aureus urget equos!«   **urgēre**: lenken

    Protinus abscissā planxi mea pectora veste   **abscindere, -scissī, -scissum**: zerreißen – **plangere**, planxī: als Zeichen der Trauer schlagen – **ōs, ōris** n.: Gesicht

    tuta nec a digitis ora fuere meis.

1 Stellen Sie die Freveltaten zusammen, die sich Medea im ersten Textabschnitt selbst vorwirft, und erklären Sie deren mythologischen Hintergrund.

2 Medea fragt, wo die Götter bzw. der göttliche Wille bei so viel Unrecht eigentlich bleiben: Recherchieren Sie, inwieweit das Geschehen nicht doch auf göttlichem Willen beruht.

3 Medea beschreibt sehr minutiös und emotional das Geschehen um Jasons Hochzeit mit Krëusa: Weisen Sie diese Art der Erzählweise anhand des Textes nach und beschreiben Sie deren Wirkung auf den Leser.

4 Am Schluss des Abschnitts werden antike Trauerriten erwähnt: Beschreiben Sie, wie diese vonstattengingen.

5 *Wortschatz ableiten:* Die Bedeutung vieler lateinischer Wörter lässt sich durch Fremdwörter oder englische (bzw. span./frz.) Latinismen erschließen oder besser merken. Finden Sie im lateinischen Text Vokabeln, die folgenden englischen und deutschen Wörtern zuzuordnen sind, und gleichen Sie jeweils die lateinische, englische und deutsche Bedeutung genau ab: dt. *Barbaren – Studium – flennen – Defizit – Exil – feminin;* engl. *letter – virgin(ity) – pomp – to urge – peregrine – to relinquish.* Finden Sie noch mehr Vokabeln, die sich so ableiten lassen?

Henri Klagmann:
Medea (1868)

13. Medeas Verzweiflung (Ov. Her. 12,165–174; 193–198; 209–212; A)

Medea ist am Ende: Sie merkt, dass sie mit ihren Zauberkünsten ihre eigene innere Glut nicht beherrschen kann.

(Ego) feros pepuli doctis <u>medicatibus</u> ignes;

    non valeo flammas effugere ipsa meas.

Ipsi me <u>cantūs</u> herbaeque <u>artesque</u> relinquunt.

    Nil dea, nil <u>Hecates</u> sacra potentis <u>agunt</u>.

5 Non mihi grata dies, noctes vigilantur amarae,

    et tener a misero pectore somnus abit.

Quae me non possum, potui <u>sopire</u> draconem.

    Utilior <u>cuivis</u> quam mihi cura mea est.

Quos ego servavi, <u>paelex</u> amplectitur <u>artūs</u>

10   et nostri fructūs illa laboris habet.

Redde <u>torum</u>, pro quo tot res insana reliqui!

    Adde fidem <u>dictis</u> auxiliumque refer!

Non ego te imploro contra taurosque virosque,

    utque tuā serpens victā quiescat <u>ope</u>;

15 te peto, quem <u>merui</u>, quem nobis ipse dedisti,

    cum quo sum pariter facta <u>parente</u> parens.

Quo feret ira, sequar. Facti fortasse <u>pigebit</u>;

    et piget infido <u>consuluisse</u> viro.

<u>Viderit</u> ista deus, qui nunc mea pectora versat.

20 <u>Nescioquid</u> certe mens mea maius <u>agit</u>.

medicātus, ūs: Zaubermittel

cantus, ūs: Zauberspruch – **ars**: *hier* Zauberkunst – **Hecatēs** *ist Gen. Sg.* – **agere**: *hier* nützen

sōpīre: einschläfern

quīvīs: jeder Beliebige

paelex: Hure, Schlampe (= Krëusa) – **artūs** *m.Pl.*: Glieder (Jasons), *ordne:* paelex amplecitur artūs, quos …

torus: Ehe(bett)

dicta *n.Pl.*: (deine) Worte, Versprechen

ops, opis *f.*: Hilfe

merēre, meruī: (sich) verdienen

parente: (mit dem) als Vater

quō: wohin – (**mē**) piget + *Gen.*: ich bereue etwas – **cōnsulere** + *Dat.*: helfen

vīderit: er mag/soll zusehen

nescioquid: irgendetwas – **agere**: *hier* planen

1   Beschreiben Sie, mit welchen Mitteln Medea ihre Verzweiflung ausdrückt.

2   Im Text finden sich einige Anspielungen auf die Ereignisse in Kolchis: Weisen Sie diese nach und erklären Sie, worauf Medea genau anspielt.

3   Im zweiten Abschnitt schreibt Medea, sie habe sich Jason »verdient« *(merui)*: Erklären Sie, wie Medea darauf kommt, und erörtern Sie, ob dies für Jason wirklich ein Argument sein kann, zu ihr zurückzukehren.

4   Im letzten Abschnitt spielt Medea auf ihre Rache an Jason an: Weisen Sie die Stellen im Text nach und beschreiben Sie Medeas Einstellung zu ihren eigenen Racheplänen.

Gesamtbrief-Interpretation:

1   Beschreiben Sie den inhaltlichen Ablauf des Briefes und wie sich Medeas Gemütszustand im Laufe des Briefes verändert.

2   Versetzen Sie sich in die Lage des Jason: Erörtern Sie, ob der Brief Jason umstimmen kann und ob er überhaupt für die Situation angemessen ist.

3   Rolle und Charakter Medeas werden in der antiken Literatur jeweils ganz unterschiedlich dargestellt (s. u.): Arbeiten Sie heraus, welche Rolle und welchen Charakter Ovid ihr in seinem *Heroides*-Brief gibt. Diskutieren Sie dabei auch, inwieweit Sie Mitgefühl oder Empathie für Medea empfinden.

4   Diskutieren Sie, ob Ihnen der Mord an den Kindern als Racheaktion gerechtfertigt erscheint.

T   K   ## Literarische Vorlagen: Der Medea-Mythos in der antiken Literatur

Ovid hat sich selbst viel mit dem Medea-Mythos befasst: Er schrieb eine (leider nicht erhaltene) Medea-Tragödie und behandelte den Stoff ausführlich in den Metamorphosen (7,1–424) sowie kurz in den Exilbriefen (Tristia 3,9). In den Metamorphosen steht die charakterliche Entwicklung von der verliebten *puella* zur grausamen Hexe im Vordergrund.

Eine wichtige Vorlage war der athenische Tragödiendichter **Euripides** mit seiner Medea-Tragödie (431 v. Chr.): Er beschreibt in seinem Stück die psychologische Entwicklung Medeas zur Mörderin und bezieht dabei ihr persönliches Schicksal als heimatlose Ausländerin und verlassene Frau mit ein. Für Euripides bleibt Medea trotz der Tötung der Kinder eine liebende Mutter.

Der hellenistisch-griechische Dichter **Apollonios** von Rhodos (3. Jh. v. Chr.) stellt in seinem Argonauten-Epos Medeas Rolle als junges, schüchternes und verliebtes Mädchen in den Vordergrund. Durch die verhängnisvolle Liebe zu Jason rutscht sie allmählich in die Rolle der Mörderin ab.

Nach Ovid bearbeitete der Philosoph **Seneca** den Stoff in seiner Medea-Tragödie (ca. 41/49 n. Chr.): Hier ist Medea die von ihren Affekten getriebene Mörderin und soll dem Lesepublikum als abschreckendes Beispiel dienen. Anders als bei Euripides und Apollonios erzeugt Seneca daher nur wenig Empathie mit Medea.

Briefpaar Paris-Helena: Paris schreibt an Helena

14. Paris ist verliebt (Ov. Her. 16, 1–18; B)

Der trojanische Königssohn Paris hatte im Schönheitswettbewerb der Göttinnen Juno, Minerva und Venus die Letztere zur Schönsten erklärt. Zur Belohnung darf er sich Hoffnungen auf die schöne Spartanerin Helena machen. Er ist daher nach Sparta gereist und dort am Königshof angekommen. Helenas Ehemann Menelaos muss zufällig auf Reisen – ein günstiger Augenblick! Paris schreibt Helena einen Brief mit glühenden Liebesbekenntnissen:

Paris Helenae

Ich, der Sohn des Priamos, grüße dich und wünsche

dir Glück, das du allein mir geben kannst! Muss ich es

überhaupt aussprechen? Oder sind die Anzeichen meiner

Liebesglut nicht schon erkennbar …

5	et plūs, quam vellem, iam meus <u>extat</u> amor?
	Ille quidem <u>lateat mālim, dum</u> tempora <u>dentur</u>
	laetitiae mixtōs nōn habitūra metūs.
	Sed male dissimulō: quis enim cēlāverit īgnem,
	lūmine quī semper <u>prōditur</u> ipse <u>suō</u>?
10	Sī tamen expectās, <u>vōcem</u> quoque rēbus ut addam:
	<u>ūror</u> – habēs animī nūntia verba meī.
	Parce, precor, <u>fassō</u>; nec vultū cētera dūrō
	perlege, sed formae conveniente tuae.

Ich freue mich schon, dass du meinen Brief angenommen

15 *hast; das gibt mir Hoffnung, auch in dieser Weise*

akzeptiert zu werden.

	<u>Quae</u> <u>rata</u> sit nec tē frūstrā prōmīserit, optō,
	hoc mihi quae suāsit, māter Amōris, iter.
	Namque ego dīvīnō monitū – nē nescia peccēs –
20	advehor, et <u>coeptō</u> nōn leve nūmen adest.

extāre: offenbar sein

latēre: verborgen sein – **mālle** + *Konj.:* lieber wollen, dass – **dum:** bis – **darī:** *hier etwa* kommen, sich ergeben

prōdī: sich verraten

vōx = *verba*

ūrī: (vor Liebe) brennen – **nūntius**, a, um + *Gen.:* (etwas) verkündend, verratend – **fassus** < *fatērī:* der, der (seine Liebe) bekannt hat – **convenīre** + *Dat.:* entsprechen

quae = *ea <spes>: relat. Satzanschluss* – **ratum:** erfüllt; *ordne:* opto, <ut> ea <spes> rata sit nec te <mihi> frustra promiserit mater Amoris, quae mihi hoc iter suasit.

coeptum: Vorhaben

1 *Vor der Lektüre:* Recherchieren Sie die genauen Umstände und Folgen des sog. »Paris-Urteils«; erläutern Sie danach die Szenerie auf dem Bild von Enrique Simonet.

2 Weisen Sie in dem Abschnitt Elemente der Liebeselegie nach.

3 Erklären Sie, was mit dem Ausdruck *divino monitu* im vorletzten Vers gemeint ist.

4 Arbeiten Sie die Argumentation und Überzeugungsstrategie des Paris aus dem Abschnitt heraus.

Enrique Simonet: Das Urteil des Paris (ca. 1904)

S Bedeutungen des lateinischen Passivs

a) **Passiv**: Das lateinische Passiv kann meist »wörtlich« mit einem deutschen Passiv wiedergegeben werden:
secretum proditur: das Geheimnis <u>wird</u> verraten

b) **Reflexiv**: Häufig hat das lateinische Passiv allerdings eine reflexive Bedeutung und muss dann im Deutschen mit einem reflexiven Verb wiedergegeben werden:
amans proditur: der Verliebte verrät <u>sich</u>

c) **Intransitiv**: Einige transitive lateinische Verben bilden mithilfe des Passivs intransitive Formen:
milites domum urunt: die Soldaten verbrennen das Haus (transitiv)
domus uritur: das Haus verbrennt (intransitiv)
Diese besonderen Bedeutungen passiver Formen sind im Übrigen in den Wörterbüchern unter den entsprechenden Verben so vermerkt: Hier lohnt genaues Hinsehen!

15. Düstere Träume: Troja wird brennen! (Ov. Her. 16,35–50; A)

Paris schwelgt weiter in seiner Verliebtheit, berichtet dann aber auch von den düsteren Träumen seiner Mutter Hecuba während der Schwangerschaft:

Te peto, quam pepigit lecto Venus aurea nostro.

    Te prius optavi, quam mihi nota fores.

Ante tuos animo vidi quam lumine vultūs;

    gerüchteweise war deine Schönheit bekannt.

5 Nec tamen est mirum, si (cum sic polleat arcus)

    missilibus telis eminus ictus amo.

Sic placuit fatis; quae ne convellere temptes,

    accipe cum verā dictā relatā fide.

Ich war noch im Bauch meiner Mutter, die Geburt ließ

10 *auf sich warten; ihr Leib war schon schwer durch mein*

ordentliches Gewicht.

Illa sibi ingentem visa est sub imagine somni

    flammiferam pleno reddere ventre facem.

Territa consurgit, metuendaque noctis opacae

15   visa seni Priamo, vatibus ille refert.

Arsurum Paridis vates canit Ilion igni;

    pectoris, ut nunc est, fax fuit illa mei.

petō = *cupiō* – **pangere**, pepigī + *Dat.*: vorherbestimmen für – **lectus**: Bett – **forēs** = *essēs*

lūmen = *oculus*

arcus: der Bogen Amors

ictus: getroffen

convellere: in Frage stellen – **temptāre** = *cōnārī* – **accipe**: vernimm, höre! – **dicta** = *verba* – **fidēs**: Zuverlässigkeit

somnium: Traum

reddere: *hier* gebären – **fax**, facis *f.*: Fackel – **metuenda** *n.Pl.*: schreckliche Erscheinungen

arsurum < *ardēre* »brennen«

fax: *s. o.*

---

1   *Vor der Übersetzung:* Suchen Sie die Hyperbata im Text heraus und markieren Sie sie gegebenenfalls.

2   Nennen Sie die »Belege« für Paris' Verliebtheit und beurteilen Sie deren Glaubwürdigkeit.

3   Recherchieren Sie den Mythos von Hecubas Träumen und erklären Sie die Symbolik des Traumbildes.

4   Erklären Sie, wie Paris selbst die »Fackel« bzw. das »Feuer« in Hecubas Traum deutet. Was sagt dies über Paris' Urteilsvermögen aus?

K Träume in der Antike – *vates*

Träume besaßen in der Antike generell eine herausgehobene Bedeutung, um Lebenssituationen oder die Zukunft zu deuten. Es gab daher speziell für die Traumdeutung zuständige Priesterinnen und Priester, an die man sich wenden konnte. Zudem gab es sogar regelrechte Fachliteratur zur Traumdeutung (z. B. von Artemidóros aus dem 2. Jh. n. Chr.), mit der man seine Träume auch selbst deuten konnte.

Träume galten als symbolträchtig und von den Göttern oder auch von Dämonen gesandt, entweder um die Menschen vor etwas zu warnen, bei ihren Entscheidungen zu helfen oder auch in die Irre zu führen.

Ein besonders prominentes Beispiel aus dem Alten Testament ist der nach Ägypten verschleppte Hebräer Joseph, der durch seine Gabe der Traumdeutung großen Ruhm erlangt.

Vermutlich gelangte die Traumdeutung aus dem Alten Orient nach Griechenland und wurde dort mehr oder weniger übernommen. Aus dem Mythos sind Seherinnen und Seher wie z. B. Teiresias oder Kassandra als Traumdeuter/-innen bekannt. Doch auch in der Realität gab es eine regelrecht institutionalisierte Traumdeutung: So konnte man sich in bestimmten Heiligtümern (z. B. Asklepios-Heiligtum in Epidauros) nachts zum Tempelschlaf hinlegen, und am nächsten Morgen wurden die »von den Göttern geschickten« Träume von Spezialisten gedeutet.

S Wortschatz: Vokabeln ableiten

Viele scheinbar unbekannte lateinische Vokabeln lassen sich durch die Analyse der jeweiligen Ableitung besser erklären oder merken.

Im Text findet sich z. B. das seltene Adjektiv *missilis* »werfbar, Schleuder-«, das sich vom Verb *mittere* »schleudern, werfen« bzw. dessen PPP *missus* ableiten lässt; außerdem lässt sich hieran das englische Wort *missile* »Geschoss« anschließen. Suchen Sie nach weiteren solchen Ableitungsmöglichkeiten im Text und analysieren Sie sie entsprechend. Einige Vorschläge hierzu sind:

mīrum:

ictus:

dictum:

relātum/referre:

etc.

16. Paris begegnet Helena zum ersten Mal (Ov. Her., 16,117–144; A)

Paris berichtet in seinem Brief Weiteres zur Vorgeschichte seiner Reise wie z. B. die Vorbehalte der Eltern und die Warnungen seiner Schwester Kassandra. Aber der Reise-Aufwand scheint sich gelohnt zu haben …

Als meine Schiffe fertig gebaut waren, wollte ich sofort
nach Sparta zur dir lossegeln,

at pater et genetrix inhibent mea vota rogando,

    propositumque pia voce morantur iter

5 et soror effusis – ut erat – Cassandra capillis,

    cum vellent nostrae iam dare vela rates.

›Quo ruis?‹ exclamat, ›referes incendia tecum!

    Quanta per has nescis flamma petatur aquas!‹

Vera fuit vates; dictos invenimus ignes

10   et ferus in molli pectore flagrat amor.

Portubus egredior, ventisque ferentibus usus

    applicor in terras, Oebali nympha, tuas.

Excipit hospitio vir me tuus: hoc quoque factum

    non sine consilio numinibusque deum.

15 Ille quidem ostendit, quidquid Lacedaemone tota

    ostendi dignum conspicuumque fuit;

Aber ich wollte nur dich sehen, und es gab nichts anderes,
was meine Blicke gefangen hätte.

Ut vidi, obstipui praecordiaque intima sensi

20   attonitus curis intumuisse novis.

Dein Gesicht war genauso hübsch wie das der Venus, als
sie zum Schönheitswettbewerb kam.

Si tu venisses pariter certamen in illud,

    in dubium Veneris palma futura fuit.

25 Magna quidem de te rumor praeconia fecit,

    nullăque de facie nescia terră tuă est.

Nec tibi par usquam Phrygiă nec solis ab ortu

    inter formosas altera nomen habet!

---

genetrīx = *māter*

vēla dare: Segel hissen/setzen – **ratis** *f.:* Schiff – **quō:** wohin?

nescīs: *ordne* nescis, quanta flamma per has aquas petatur **invēnimus** = *invēnī*

portubus = *ex portū* – **ferēns:** *hier* günstig – **applicārī:** anlegen – **Oebalis nympha** = Helena *(Enkelin des Oebalus)* – **excipere:** bei sich aufnehmen **deum** = *deōrum*

Lacedaemone tōtā: *Abl. loc.* »in ganz Sparta«

ut + *Ind. Pf.:* sobald

cūra: *hier* Liebe – **intumēscere,** -tumuī: erregt werden

in dubium: zweifelhaft – **palma:** Sieg(espreis) – **futūra fuit** = *fuisset* – **praeconia** *n.Pl.:* Werbung, Reklame

Phrygiā: *Abl. loc.* »in Phrygien« – **sōlis ab ortū:** im Osten

1 Stellen Sie die Warnungen zusammen, die Paris' Angehörige aussprechen; erklären Sie deren Symbolik und Paris' subjektive Deutung hierzu.

2 Erläutern Sie die Strategie des Paris, seine Angebetete Helena zu bezirzen, und beurteilen Sie die Überzeugungskraft seiner Worte.

3 Arbeiten Sie ein Charakterbild des Paris aus dem Textabschnitt heraus.

4 Die Passage weist recht viele Merkmale poetischer Sprache auf: Stellen Sie die entsprechenden Ausdrücke zusammen und erklären Sie sie kurz grammatikalisch (z. B. poetischer Plural, 1. Pl. statt 1. Sg., separative/lokale Ablative ohne Präposition etc.).

Das Paris-Urteil in den Heroides

Paris kommt in seinem Brief immer wieder auf das »Paris-Urteil« zurück. An einer Stelle (Ov. Her. 16,59–88) berichtet er Helena gegenüber sogar ausführlich von seiner speziellen Begegnung mit den Göttinnen. In Prosa-Wortstellung lautet die (gekürzte) Passage:

(…) constitit ante oculos Mercurius et in digitis dei fuit aurea virga *(Stab)*.
Et simul tres deae, Venus et Iuno cum Minerva, teneros pedes graminibus *(Gras)* inposuere. Obstupui *(ich erstaunte)*, et gelidus horror comas *(Haare)* erexerat, cum mihi Mercurius ait: »Depone metum! Arbiter formae es; siste certamina dearum, quae una sit digna vincere duas formā.«
Mens mea convaluit, et subito audacia venit, nec timui unamquamque vultu meo notare *(prüfen)*. Omnes erant dignae vincere; et querebar non omnes causam suam vincere posse. Sed tamen iam tunc una ex illis magis placebat: haec, unde movetur amor. Iovis coniunx (= Iuno) regna, filia (= Minerva) virtutem promittit.
Venus dulce risit; ait: »Nec te, Pari, tangant utraque munera plena suspensi timoris. Nos dabimus, quod ames, et illa pulchrior filia pulchrae Ledae ibit in amplexūs *(Umarmung)* tuos.«
Dixit, et donis atque formā ex aequo probatā illa (= Venus) victorem pedem caelo rettulit.

5 Stellen Sie die Informationen zum Paris-Urteil zusammen, die der Text enthält. Dazu ist es nicht erforderlich, den Text zu übersetzen oder alles im Detail zu verstehen!

17. Luxuriöses Troja und armseliges Sparta (Ov. Her. 16,187–200; A)

Paris erwähnt in seinem Brief, wie reich Troja gegenüber dem schlichten Sparta und Griechenland überhaupt ist:

O quotiens dices: »Quam pauper <u>Achāïa</u> nostra est!«

    Una <u>domus</u> <u>quaevis</u> <u>urbis</u> habebit <u>opes</u>.

Nec mihi <u>fas fuerit</u> Sparten contemnere vestram:

    in qua tu nata es, terra beata mihi est.

5 Parca sed est Sparte, tu <u>cultu</u> divite digna;

    ad talem formam non <u>facit</u> iste locus.

<u>Hanc</u> faciem largis sine fine <u>paratibus</u> uti

    deliciisque decet luxuriare novis.

Cum videas <u>cultūs</u> nostrā de gente virorum:

10   qualem <u>Dardanias</u> credis habere <u>nurūs</u>?

Da modo te <u>facilem</u> nec dedignare <u>maritum</u>,

    rure <u>Therapnaeo</u> nata puella, <u>Phrygem</u>!

Phryx erat et nostro genitus de sanguine, <u>qui</u> nunc

    cum <u>dis</u> potando nectare miscet aquas.

Achāïa *(4 Silben)* = *Graecia*

domus: *gemeint sind die Häuser in Troja* – **quī-/quae-/quod-vīs**: *jeder Beliebige* – **fās fuerit**: *es ist wohl nicht recht/erlaubt*

cultus, ūs *m.*: Pflege, Schmuck, Kultur – **facere**: *hier etwa* passen

hanc = *tuam* – **parātus**, ūs *m.*: Kleidung

cultūs *Pl.*: Lebenswandel, Kultur

Dardanius = *Trōiānus* – **nurus**, ūs *f.*: Schwiegertochter

facilis: *hier* freundlich, zugänglich

Therapnaeus: *Helena wurde in Therapne (Südlakonien) geboren* – **quī**: *gemeint ist hier Ganymed*

dīs = *deīs*

Bert Thorvaldsen: Ganymed (1817)

1 Stellen Sie aus dem Text die Belege für Trojas Reichtum und Spartas/Griechenlands Armut zusammen.

2 Erklären Sie, warum Paris diesen Vergleich zwischen Troja und Sparta anstellt.

3 Arbeiten Sie heraus, welches Bild von Helena oder sogar von Frauen im Allgemeinen sich in Paris' Vorstellung aus dem Text ergibt.

4 Recherchieren Sie, wer Ganymed war und welche Funktion seine Erwähnung hier im Text hat.

K Trojas Reichtum in der Antike

Für die Griechen war Troja im Prinzip eine »orientalische« Stadt und wurde schon dadurch mit dem sprichwörtlichen orientalischen Luxus in Verbindung gebracht. Tatsächlich war das verkehrsgünstig gelegene Troja zeitweise ein sehr reicher Handelsplatz, wovon die Ausgrabungen (u. a. durch Heinrich Schliemann) zeugen: Die Stadt konnte den Zugang der Schiffe aus dem Mittelmeer zum Schwarzen Meer kontrollieren. Möglicherweise erwarb Troja durch Zolleinnahmen großen Reichtum. Ob Troja allerdings zu der hier fraglichen Zeit wirklich eine bedeutende und wohlhabende Stadt war, ist unter Archäologen umstritten. Die Schätze, die Schliemann in Troja ausgrub, stammen jedenfalls aus einer viel zu frühen Zeit, nämlich dem 3. Jahrtausend v. Chr.

Nach antiker Zeitrechnung bewegen wir uns mit Paris und Helena etwa in der Zeit um 1200 v. Chr. Dies war bereits der Niedergang Trojas und der griechisch-mykenischen Kultur. Allerdings schrieb Homer seine Epen zum Trojanischen Krieg erst rund 400 Jahre später,

als von Troja nur noch Ruinen übrig waren. Die müssen aber immerhin so beeindruckend gewesen sein, dass sich wohl eher daran der antike Mythos von einer gewaltigen und reichen Stadt Troja entspann.

Ruinen von Troja:
Stadtmauer etwa aus der Zeit
des Trojanischen Krieges

S Sachfelder erstellen

Vokabeln in Fremdsprachen lassen sich meist leichter im Zusammenhang von Sachfeldern oder Wörter-Netzen merken. Im Text befinden sich z. B. viele Wörter zum Sachfeld »arm – reich«: Stellen Sie die Wörter aus dem Text zusammen und entwickeln Sie ggf. ein Wörternetz, z. B. indem Sie weitere Ihnen bekannte Wörter (Synonym/Gegenteil) oder Ableitungen hinzufügen.

So könnte man z. B. zum Adj. *pauper* »arm« als Gegenteil hinzufügen ≠ *dives*.

Zum Verb *luxuriare* könnte man das Sustantiv *luxus,* ūs hinzufügen, von dem das Verb abgeleitet ist.

Sie können auch Fremdwörter oder verwandte englische Wörter hinzufügen (z. B. *largus* > engl. *large* mit etwas anderer Bedeutung!).

18. Helenas erotische Reize (Ov. Her. 16,249–268; B)

Bei einem Gastmahl in Sparta durfte Paris auch die Reize von Helenas Körper zumindest optisch kennenlernen; in seinem Brief berichtet er ihr davon:

Ich erinnere mich, wie dein Gewand kurz herunter-
rutschte und ich deine nackten Brüste – weißer als
Schnee – sehen konnte!

Dum stupeo visis (nam pocula forte tenebam)

5   tortilis a digitis excidit <u>ansa</u> meis.

tortilis: gedrechselt, gedreht
ansa: Henkel – **nāta** = *filia*

Oscula si <u>natae</u> dederas, ego protinus illa

     Hermiones tenero laetus ab ore <u>tuli</u>.

Hermionē: *Helenas kleine Tochter –* **ferre,** tulī: *hier* sich holen

Et modo cantabam veteres resupinus amores

     et modo per nutum signa <u>tegenda</u> dabam.

tegendus: heimlich

10   *Und deine besten Freundinnen habe ich neulich mit*
Komplimenten angesprochen; aber sie sagten mir nur,
sie hätten Angst und wollten mir nicht helfen, dich
allein zu treffen.

<u>Di</u> facerent, pretium magni certaminis <u>esses</u>,

dī ... esses = *utinam dei facerent, ut esses ... –* **suō torō** = *in suō torō –* **torus:** Bett

15   teque <u>suo</u> posset victor habere <u>toro</u>,

ut <u>tulit</u> Hippomenes <u>Schoenëïda</u> praemia cursūs,

     (...)

ferre, tulī: *hier* bekommen – **Schoenēis** = Atalanta

ut ferus <u>Alcīdēs</u> <u>Achelöïa</u> cornua fregit,

     dum petit amplexūs, Dēïanīra, tuos.

Alcīdēs = *Herculēs* – **Achelöïus:** des Flussgottes Achelous

---

1   Erläutern Sie, mit welchen Komplimenten Paris im ersten Teil des Textes der Helena zu schmeicheln versucht; diskutieren Sie auch, ob dies heute noch eine zielführende Strategie wäre, um sich bei Mädchen beliebt zu machen.

2   Im letzten Teil verwendet Paris einige mythologische Beispiele: Eigentlich sind solche *exempla* typische Mittel der antiken Rhetorik. Recherchieren Sie die Mythen von Hippomenes-Atalanta und Herkules-Deianeira-Acheloos und erklären Sie deren argumentative Funktion im Brief-Abschnitt.

3   Arbeiten Sie Paris' Frauenbild heraus, das sich aus dem Text ergibt und beurteilen Sie es aus heutiger Perspektive.

Briefe sind immer eine kommunikative Gattung. Wie zwischenmenschliche Kommunikation funktioniert, wird vielfach erforscht. Vermutlich kennen Sie aus dem Deutsch-Unterricht das recht bekannte Vier-Seiten-Modell des Kommunikations- und Sprachwissenschaftlers Friedemann Schulz von Thun. Demnach haben kommunikative Äußerungen oder Handlungen vier Seiten, wie folgendes Beispiel illustriert:

Beispiel	Papa hat abends noch schnell etwas gekocht und serviert. Die Kinder fragen: »Was ist denn da drin? Das schmeckt ganz anders.«	Eine Lehrkraft fragt einen Schüler lateinische Vokabeln ab und bemerkt, dass der Schüler kaum eine Vokabel kennt. Sie sieht den Schüler traurig an, sagt »Aha« und bricht die Abfrage ab.
Sachebene	Das Essen hat einen ungewohnten Geschmack.	Der Schüler hat die Vokabeln nicht gelernt.
Selbstkundgabe	Die Kinder machen auf den anderen Geschmack aufmerksam: Es schmeckt ihnen nicht (oder besser).	Die Lehrkraft ist traurig oder genervt.
Beziehungsseite	Die Kinder fragen einfach neugierig nach *oder*: Die Kinder wollen Papa nicht zu offen kritisieren.	Die Lehrkraft ist zwar unzufrieden, mag aber den Schüler eigentlich gern und zeigt daher ihren Unmut nicht besonders deutlich.
Appell	Papa soll das Rezept erklären *oder*: Papa soll bitteschön besser kochen.	Der Schüler soll die (implizite/unausgesprochene) Aufforderung verstehen und beim nächsten Mal besser lernen.

Die Praxis-Beispiele zeigen, wo kommunikative Missverständnisse entstehen können: Beim ersten Beispiel könnte der Vater denken, die Frage sei eine unausgesprochene Kritik am Essen, und beleidigt sein, obwohl das nicht stimmen muss und die Kinder v. a. auf der Sachebene kommunizieren. Beim zweiten Beispiel könnte der Schüler denken: »Prima! Wenn ich nicht lerne, hat das ja keine Konsequenzen« und weitermachen wie bisher.

Die Heroides-Briefe lassen sich im Prinzip ebenfalls nach diesem Kommunikationsmodell analysieren. Dazu können Sie sich am besten in die Rolle eines der Briefpartner (hier z. B. Paris oder Helena) versetzen und danach die vier Seiten im Text identifizieren. Die ersten Einzelbriefe enthalten z. B. viele Sachinformationen in der Nacherzählung *(narratio)* der Vorgeschichte. Als Appell senden die Frauen natürlich die Botschaft, der Geliebte/Mann möge zurückkehren bzw. bleiben. Auf der Seite der Selbstkundgabe ist der Unmut oder die Eifersucht der Frauen zu verbuchen. Die Beziehungsseite ist recht komplex: Teils wollen die Frauen offenbar ihre Frustration nicht zu deutlich aussprechen, weil sie ja noch etwas erreichen wollen, teils gehen sie zu Verfluchungen über, was für die Appell-Seite natürlich eher ungünstig ist.

Sie können zum Einstieg den hier abgedruckten Textabschnitt analysieren und dabei besonders die mythologischen Beispiele einbeziehen. Anschließend können Sie einen ganzen Brief nach dem Vier-Seiten-Modell durcharbeiten.

19. Göttliche Vorbilder für den Ehebruch (Ov. Her. 16,287–296; 341–344; 351–358; B)

Paris möchte Helena zum Ehebruch überreden und bemüht dabei unter anderem göttliche Vorbilder.

A, nimium simplex Helene, ne ›rustica‹ dicam:

    hanc faciem culpā posse carere putas?

Aut faciem mutes aut sis non dura necesse est;

    lis est cum forma magna pudicitiae.

5 Iuppiter his gaudet, gaudet Venus aurea furtis;

    haec tibi nempe patrem furta dedere Iovem.

Vix fieri, *wenn Ehebruch in den Genen liegt,*

    et Iovis et Ledae filia casta potes.

Casta tamen tum **sis,** cum te mea Troia tenebit,

10 *und nur ich will dann noch Anlass für Vorwürfe*

    gegen dich sein.

                (…)

Nec tu rapta time, ne nos fera bella sequantur:

    concitet et vires Graecia magna suas.

Tot prius abductis ecqua est repetita per arma?

15 Crede mihi, vanos res habet ista metūs.

                (…)

Terror in his ipso maior solet esse periclo;

    quaeque timere libet, pertimuisse pudet.

Finge tamen, si vis, ingens consurgere bellum:

    et mihi sunt vires, et mea tela nocent.

20 Nec minor est Asiae quam vestrae copia terrae:

    illa viris dives, dives abundat equis.

Nec plus Atrides animi Menelaus habebit

    quam Paris, aut armis anteferendus erit.

---

hanc = *tuam* – **carēre** + *Abl.*: ohne etwas sein, nicht haben – **necesse est** + *Konj.*: es ist nötig, du musst

līs *f.*: Kampf

furtum: heimliche Liebschaft, Affäre

concitet: *Konj.* er soll/mag nur zusammenrufen – **tot <mulieribus> abductīs**: *Abl. abs.* – **ecqua**: irgendeine

ipsō perīclō *ist Abl. comparationis*

fingere + *AcI*: sich vorstellen

Asia: Kleinasien (~ *Troja und seine Verbündeten*) – **illa** <terra> = *Asia* – **abundāre** + *Abl.*: reich sein an

Atrīdēs: Sohn des Atreus

anteferendus: überlegen

---

1   Geben Sie den drei Abschnitten jeweils Zwischenüberschriften.

2 Stellen Sie die einzelnen Argumente des Paris zusammen, mit denen er Helena zum Ehebruch zu überreden versucht. Beurteilen Sie auch die Stichhaltigkeit seiner Argumente.

3 Erläutern Sie, wie sich Paris die Zukunft vorstellt und gleichen Sie dies mit dem »echten« Verlauf des Mythos (nach dem Raub der Helena) ab; welcher Eindruck stellt sich beim wissenden Lesepublikum in Bezug auf Paris' Urteilsvermögen ein?

4 Arbeiten Sie heraus, wie Paris zum Thema Kriegsangst steht, und erklären Sie seinen Ausspruch »*quaeque timere libet, pertimuisse pudet*«.

Zeus/Jupiter und Leda
(römische Öllampe 1. Jh. v. Chr.)

K Die Götter als Ehebrecher

Die griechisch-römischen Götter waren alles andere als moralische Vorbilder. Sie repräsentierten im Grunde große physische oder psychische Mächte, die für die sterblichen Menschen nicht beherrschbar waren. Insofern waren sie im moralischen Sinne weder gut noch böse. Zudem waren besonders die meisten griechischen Götter »anthropomorph« gedacht, d. h. sie verhielten sich wie Menschen und wurden in der bildenden Kunst in menschlicher Gestalt dargestellt. Viele v. a. männliche Götter waren sehr triebhaft und ständig auf der Suche nach sexuellen Abenteuern und Abwechslung. Besonders der Göttervater Jupiter/Zeus stellte zahllosen göttlichen und menschlichen Frauen nach, die er entweder trickreich verführte oder meistens eher vergewaltigte. Eigentlich war Jupiter/Zeus mit seiner Schwester Juno/Hera verheiratet, die entsprechend ständig eifersüchtig auf ihre Nebenbuhlerinnen war. Doch auch die Liebesgöttin Venus/Aphrodite ließ sich gern auf sexuelle Abenteuer ein, obwohl oder weil sie mit dem eher unattraktiven und zudem gehbehinderten Feuer- und Schmiedegott Hephaistos verheiratet war. So betrog sie ihren Mann u. a. mit dem Kriegsgott Mars/Ares, aber auch mit dem menschlichen Mann Anchises, und wurde so Mutter des Aeneas.

In den archaischen Mittelmeer-Kulten hatten diese vielen Sex-Geschichten vermutlich einen religiösen Hintergrund: Die göttliche Zeugungskraft symbolisierte zugleich die Fruchtbarkeit der Natur. So gab es in der Antike etwa die Vorstellung der »heiligen Hochzeit« (griech. *hieròs gámos*): Dabei befruchtete z. B. der Himmelsgott Uranos mit seinem Regen (~ Sperma) die Mutter Erde (griech. Gê) und sorgte so für die Fruchtbarkeit der Natur.

In der Literatur wurden die vielen erotischen Eskapaden der Götter zu einem beliebten Unterhaltungs-Thema und hier in der Liebeselegie geradezu zu einem Vorbild für ehebrecherische Liebhaber wie Paris.

20. Briefschluss (Ov. Her. 16,371–378; A)

Am Schluss seines Briefes malt sich Paris aus, was nach einer möglichen Entführung Helenas durch ihn passieren könnte. Er hält einen Krieg mit den Griechen für durchaus wahrscheinlich, bleibt aber optimistisch:

Aut igitur nullo belli <u>repetēre</u> tumultu,

    aut cedent <u>Marti</u> <u>Dorica</u> castra meo.

Nec tamen <u>indigner</u> pro tanta sumere ferrum

    coniuge; certamen praemia magna movent.

5 Tu quoque, si de te totus contenderit orbis,

    nomen ab aeterna posteritate feres

<u>spe</u> modo <u>non timidā</u> <u>dis</u> hinc egressā <u>secundis</u>.

    Exige cum plenā munerā <u>pactā</u> fide.

repetēre = *repetēris*

Mars = *arma, exercitus* – **Dōricus**: dorisch *(die Spartaner gehörten zum griechischen Stamm der Dorer)*
indīgnārī + *Inf.*: für unwürdig halten, zögern

spē nōn timidā = *fortis, audāx* – **dīs secundīs**: *nominaler Abl. abs.* »weil die Götter wohlwollend sind« – **pāctus**: verabredet

1   Der Abschnitt enthält einige bildliche Ausdrücke (Metapher, Metonymie, *pars pro toto* u. Ä.): Weisen Sie diese im Text nach und erklären Sie jeweils die Bedeutung.

2   Besonders diese Stelle ist wieder für ein wissendes Lesepublikum geschrieben, das den weiteren Verlauf der Geschichte schon kennt: Zeigen Sie, mit welchen Prophezeiungen/Aussagen Paris Recht oder Unrecht hat; weisen Sie dabei auch doppelbödige Aussagen nach.

Gesamtbrief-Interpretation:

1 Arbeiten Sie heraus, was für ein Gesamtcharakter sich aus dem Brief für Paris ergibt. Stellen Sie dabei auch die Merkmale eines typischen elegischen *amator* zusammen.

2 Arbeiten Sie heraus, welche Charakterzüge Paris in seinem Brief bei Helena voraussetzt bzw. unterstellt: Welche Art von Antwort und welche Reaktionen erwartet er vermutlich von Helena?

3 Stellen Sie die Argumente des Paris zusammen, die Helena zu einem Ehebruch überreden sollen, und beurteilen Sie deren Plausibilität und Überzeugungskraft. Ein mehrfach vorgebrachtes Argument des Paris ist dabei der göttliche Wille: Erläutern Sie dieses Argument und beurteilen Sie dessen Überzeugungskraft.

4 Erörtern Sie in Ihrem Kurs, ob Paris eher ein sympathischer oder unsympathischer Charakter ist; gibt es in Ihrem Kurs möglicherweise geschlechtsspezifische Unterschiede im Urteil?

5 Analysieren Sie den Brief nach dem Vier-Seiten-Modell von Friedrich Schulz von Thun: Welche der vier Seiten (Sachebene, Selbstkundgabe, Beziehungsseite, Appellseite) überwiegt in dem Brief? An welchen Stellen können Sie Überlappungen verschiedener Seiten feststellen?

Helena antwortet Paris

21. Helena gibt sich empört (Ov. Her. 17,1–20; B)

Helena hat Paris' Brief gelesen und schickt ihm offenbar sogleich eine ausführliche Antwort.
Am Beginn ihres Briefes bringt sie ihre Empörung über Paris' Aufdringlichkeit zum Ausdruck:

HELENE PARIDI

Zwar hat dein Brief, Paris, meine Augen beleidigt, aber
trotzdem scheint es mir zu billig, einfach nicht zu ant-
worten.

5 Ausus es hospitii temeratis advena sacris

     legitimam nuptae sollicitare fidem!

Scilicet idcirco ventosa per aequora vectum

     excepit portu Taenaris ora suo,

nec tibi, diversā quamvis e gente venires,

10   oppositas habuit regia nostra fores,

esset ut officii merces iniuria tanti?

     Qui sic intrabas: hospes an hostis eras?

Nec dubito, quin haec, cum sit tam iusta, vocetur

     rustica iudicio nostra querela tuo.

15 Rustica sim sane, dum non oblita pudoris

     dumque tenor vitae sit sine labe meae.

Wenn ich auch nicht mit gespielter Unfreundlichkeit
finster drohend dasitze,

fama tamen clara est, et adhuc sine crimine vixi

20 *und noch kein Ehebrecher hat bisher bei mir Erfolg*
gehabt.

Randglossen:

temerātīs sacrīs: *Abl. abs.* < sacra temerāre »die Heiligkeit entweihen« – **nupta** = *uxor* – **sollicitāre:** herausfordern

Taenaris ōra: Küste von Tainaron *(Südpeloponnes)*

oppositus: offen, zugänglich – **rēgia:** Palast – **forēs** *f.Pl.:* Tor, Tür – **officium:** Hilfsbereitschaft – **mercēs:** Lohn

quīn: dass

sānē: ganz bestimmt, sicherlich – **oblīta:** *erg.* sim – **tenor:** Verlauf – **labēs, is:** Fehler, Fehltritt

fāma: *erg.* mea

---

1   Gliedern Sie den Text in Abschnitte und geben Sie jeweils Zwischenüberschriften.

2   Stellen Sie die Vorwürfe Helenas an Paris zusammen: Was hat sich Paris Helenas Meinung nach alles zu Schulden kommen lassen?

3   An welchen Stellen antwortet Helena ganz direkt auf Paris' Brief? Beschreiben Sie, wie Helena dort mit Paris' Aussagen umgeht.

4 Helena verteidigt hier ihre Keuschheit: Stellen Sie Vermutungen an, wie diese Ausführungen auf Paris wirken könnten.

5 Weisen Sie nach, worin die Ausführungen Helenas in sich leicht widersprüchlich sind. Wie könnte dies auf Paris gewirkt haben?

6 *Wortschatz ableiten:* Leiten Sie Vokabelbedeutungen aus dem Text mithilfe von Ableitung/Wortfamilien oder durch den Vergleich mit verwandten englischen oder deutschen Wörtern (Kognaten) ab; Sie können dabei mit einer Tabelle arbeiten:

Vokabel (Text)	Ableitung/Wortfamilie	englische/deutsche Kognate
advena »Ankömmling«	*ad + venire* »an-kommen«	
legitimus »rechtmäßig«	*lex, legis* »Gesetz«	dt. *legitim*, e. *legitimate*
…	…	…

S Konjunktionen unterscheiden und richtig übersetzen

cum: Besonders mehrdeutig: Es kann eine temporale Konjunktion sein und mit »während, wenn; als, nachdem« übersetzt werden. Häufig bedeutet es (mit Konj.) »weil« oder dessen Gegenteil »obwohl« – der Kontext entscheidet jeweils:

querela mea, cum iusta sit, a te ›rustica‹ vocatur:
obwohl meine Klage gerechtfertigt ist, wird sie von dir ›bäurisch‹ genannt
querela mea, cum iusta sit, a te accipitur:
da meine Klage gerechtfertigt ist, wird sie von dir akzeptiert

quamvīs: Diese adversative oder konzessive Konjunktion drückt einen Gegensinn aus und steht meist mit Konjunktiv. Sie lässt sich mit »wenn auch« oder »obwohl« übersetzen:

quamvis rustica sim, prudens sum:
auch wenn ich bäurisch sein sollte, bin ich doch klug
quamvis ex alia terra venires, te accepimus:
obwohl du aus der Fremde kamst, haben wir dich aufgenommen

dum: Diese Konjunktion kann temporal (»während; bis«) sein oder auch (v. a. mit *modo* + Konj.) eine Art kondizionalen Wunschsatz einleiten:

dum (modo) vita mea sine labe sit, laudor:
solange/wenn mein Leben (nur) ohne Fehltritt bleibt, werde ich gelobt
dum (modo) mei oblitus non sis, te amabo:
solange/wenn du mich (nur) nicht vergisst, werde ich dich lieben

22. Paris: dreist, aber schön (Ov. Her. 17,75–106; A)

Helena und Paris hatten sich auf einem Gastmahl in Sparta zu Ehren des trojanischen Neuankömmlings bereits etwas kennengelernt. In ihrem Brief kommt Helena auf diese erste Begegnung zu sprechen:

Ich merke schon, du Schamloser, was du am Tisch machst,

auch wenn du versuchst, das heimlich zu tun,

cum <u>modo</u> me spectas oculis, lascive, <u>protervis</u>;

    quos vix <u>instantes</u> <u>lumina</u> nostra <u>ferunt</u>,

5 et <u>modo</u> suspiras, <u>modo</u> pocula proxima nobis

    sumis, *quāque bibi, tu quoque parte* bibis.

<u>A</u>, quotiens digitis, quotiens ego <u>tecta</u> notavi

    signa supercilio paene loquente dari!

Et saepe extimui, ne vir meus illa videret,

10   non satis occultis erubuique <u>notis</u>.

Saepe vel exiguo vel nullo murmure dixi:

    »Ist der schamlos!« nec vox haec mea falsa fuit.

Auf der Tischplatte las ich unter meinem Namen –

von dir mit Wein geschrieben: amo!

15 Credere me tamen hŏcc oculo <u>renuente</u> negavi.

    <u>Ei</u> mihi, iam didici sic ego posse loqui!

His ego blanditiis, si peccatura fuissem,

    <u>flecterer</u>; his <u>poterant</u> <u>pectora</u> nostra capi.

Est quoque, confiteor, <u>facies</u> tibi <u>rara</u>, potestque

20   velle sub amplexūs ire puella tuos.

Altera sed *potius* felix sine crimine fiat,

    quam cadat <u>externo</u> noster <u>amore</u> pudor.

Lerne an mir, auf die Hübschen zu verzichten; es ist gut,

sich vom Vergnügen fernzuhalten.

25 Quam multos credis iuvenes optare, quod optas,

    qui <u>sapiant</u>? Oculos <u>an</u> Paris unus habes?

Non tu plus cernis, sed plus temerarius audes;

    nec tibi plus cordis sed nimis <u>oris</u>, adest.

---

modo-modo-modo: bald-bald-bald – **protervus:** frech – **īnstāns:** aufdringlich – **lūmen** = *oculus* – **ferre:** *hier* treffen

quaque … bibis: *Ordne:* et <eā> parte, quā <ego> bibī, tū quoque bibis – **ā:** ah, ach! – **tēctus:** heimlich – **notāre** + *AcI:* merken, dass

-que »und« *gehört eigentlich an den Anfang des Verses* – **nota:** Zeichen, Signal

renuere: sich weigern

ei: weh (mir)!

flectī: nachgeben – **poterant** = *possent* – **pectus:** Herz – **faciēs** *f.:* Gesicht – **rārus:** selten/sehr hübsch

externus amor: Liebe zu einem Fremden

sapere: clever sein – **an:** oder *muss an den Satzanfang*

ōs, ōris: *hier* freches Mundwerk

Wärst du doch nur schon damals mit einem Schiff

30 *gekommen, als ich noch nicht verheiratet war und*

tausend Freier um meine Hand anhielten!

Si te vidissem, primus de mille fuisses;

    iudicio <u>veniam</u> vir dabit ipse meo.   **venia**: Verständnis, Verzeihung

1   In seiner »Liebeskunst« *(Ars amatoria)* hatte Ovid bereits Tipps gegeben, wie der elegische *amator* beim Gastmahl erfolgreich verheiratete Frauen umgarnt: Vergleichen Sie die Textstelle aus der *Ars amatoria* (s. u.) mit dem ersten Teil des *Heroides*-Abschnitts: Macht Paris hier alles »richtig«?

2   Erklären Sie, warum Paris' Verhalten bei dem Gastmahl eigentlich ziemlich gefährlich war und wie dies auf Helena gewirkt hat.

3   Im Laufe des Textabschnitts scheint Helena ihre Empörung allmählich abzulegen: Weisen Sie diese Entwicklung am Text nach.

Symposion (Anton v. Werner, 1877)

4   Erläutern Sie Helenas Gedankenspiel, was gewesen wäre, wenn Paris schon vor ihrer Hochzeit mit Menelaos gekommen wäre: Was hätte dies für Konsequenzen gehabt? Was sagt dies über die göttliche Vorherbestimmung aus, wenn man bedenkt, dass es ja anders kam?

T K   **Literarische Vorlagen: Ovid, *Ars Amatoria* 1,565–578:**

Ergo ubi contigerint positi tibi munera Bacchi,
   atque erit in socii femina parte tori …:
blanditiasque leves tenui perscribere vino,
   ut dominam in mensa se legat illa tuam:
atque oculos oculis spectare fatentibus ignem:
   saepe tacens vocem verbaque vultus habet.
Fac primus rapias illius tacta labellis
   pocula, quaque bibet parte puella, bibas:
et quemcumque cibum digitis libaverit illa,
   tu pete, dumque petis, sit tibi tacta manus.
	Sobald also die Gaben des Bacchus (Wein) für dich aufgetischt sind und eine Frau auf deinem Speisesofa liegt: (…) Schreibe kleine Komplimente mit klarem Wein, damit sie auf dem Tisch liest, dass sie deine Herrin ist; und sieh in ihre Augen mit Augen, die Liebesglut verraten: Oft hat ein stummer Gesichtsausdruck Stimme und Worte. Nimm als Erster den von ihren Lippen berührten Becher und trinke von der Seite, wo sie trinken wird; und die Speisen, die sie mit ihren Fingern berührt hat, nimm auch du und berühre dabei möglichst ihre Hand.

23. Helena wird schwach (Ov. Her. 17,131–138; 175–188; B/A)

In der Mitte ihres Briefes wird Helena allmählich nachgiebiger gegenüber den Komplimenten und Schmeicheleien des Paris: Vor allem gefällt ihr, dass sie für so hübsch gehalten wird.

Prima <u>mea est</u> igitur Veneri placuisse <u>voluptas</u>;

    proxima, me <u>visam</u> praemia summa tibi

und dass du Minervas und Junos Versprechungen nicht

der dir ja nur vom Hören bekannten Schönheit Helenas

5 *vorgezogen hast.*

Ergo ego sum <u>virtus</u>, ego sum tibi nobile regnum?

    Ferrea sim, si non <u>hoc</u> ego pectus amem.

Ferrea, crede mihi, non sum; sed amare <u>repugno</u>

    illum, quem fieri vix puto posse meum.

10 *Mein Mann Menelaos ist inzwischen wegen auswärtiger*

Verpflichtungen abgereist; er hat mir aufgetragen:

»Kümmere dich bitte um unseren Gast aus Troja!« Da

muss ich wirklich lachen!

Tempora ne pereant <u>ultro</u> data, <u>praecipis</u>, utque

15   simplicis utamur <u>commoditate</u> viri.

Et libet et timeo; nec adhuc <u>exacta</u> voluntas

    est satis; in dubio pectora nostra labant.

Et vir abest nobis, et tu sine coniuge dormis,

    inque <u>vicem</u> tua me, te mea forma capit;

20 et longae noctes, et iam sermone coimus,

    et tu (me miseram!) blandus, et una domus.

Et peream, si non <u>invitant</u> omnia culpam;

    nescio, quo <u>tardor</u>, sed tamen ipsa metu.

Könntest du mich doch nur dazu zwingen, wozu du mich

25 *nur schlecht überredest: Mit Gewalt ließe sich meine*

Naivität leicht erschüttern!

Utilis interdum est ipsis iniuria <u>passis</u>.

    Sic certe felix esse coacta <u>forem</u>.

---

mea voluptas est + *Inf./AcI*: es ist mir eine Freude, dass (ich …) – **proxima**: *erg.* voluptas est + *AcI; der AcI ist:* me tibi visam <esse> summa praemia – **vīdērī**: (zu sein) scheinen

virtūs: *hier etwa* »eine Art Tugend«

hoc = *tuum*

repugnāre + *Inf.*: davor zurück-scheuen

ultrō: nutzlos – **praecipere**: for-dern; *ordne*: praecipis, ne tem-pora … pereant et ut … utamur – **commoditās**: Vorteil, günstige Gelegenheit – **exāctus**: festgelegt

in vicem: gegenseitig, wechselseitig

invītāre + *Akk.*: einladen/verleiten zu etwas – **tardārī**: zögern, sich hindern lassen

passīs: *PPP Dat. von* patī: *hier etwa* »für die Gezwungenen« – **forem** = *essem*

1 Weisen Sie die zunehmende Nachgiebigkeit Helenas im Textverlauf nach und beschreiben Sie dabei die auffälligsten Stilmerkmale des Textes.

2 Stellen Sie die Komplimente zusammen, die Helena offenbar am meisten gefallen.

3 In der Mitte des Abschnitts geht Helena auf ihren Mann Menelaos ein: Erläutern Sie, welcher Charakter sich für Menelaos aus dem Textabschnitt indirekt ergibt.

4 Am Schluss des Abschnitts möchte Helena zum Raub gezwungen werden: Erklären Sie ihre Aussage vor dem Hintergrund der antiken Rollenbilder und Moralvorstellungen.

5 In der (männlich dominierten) Forschung wird Helenas Verhalten teilweise als »schamlos« kritisiert, oder sie wird sogar als »Hure« bezeichnet: Erörtern Sie, ob Sie diese Kritik für gerechtfertigt halten. Sie müssen dabei zwischen modernen und antiken Wertvorstellungen unterscheiden.

6 Vermutlich um 500 v. Chr. entstanden die *Kyprien,* d. h. ein griechischer Epen-Zyklus zu den mythischen Ereignissen vor dem Trojanischen Krieg; darin erklärt der Dichter die Ursache für diesen Krieg wie folgt (*Kyprien* Fragment 1):

Damals bedrängten unzählige Menschenmassen immer wieder die weite Fläche der Erde. Zeus sah dies und erbarmte sich: In seinem klugen Ratschluss wollte er die allnährende Erde von den Menschen erleichtern, indem er den großen Streit des Trojanischen Krieges entfachte, um das Gewicht durch den Tod der Menschen zu beseitigen. So starben in Troja die Heroen, und der Ratschluss des Zeus wurde vollendet.

Vergleichen Sie die unterschiedlichen Erklärungen für die Entstehung des Krieges und erklären Sie die jeweilige Rolle der Götter dabei.

24. Briefschluss: Helenas Befürchtungen und Paris' Großmäuligkeit (Ov. Her. 17,239–268; A/B)

Am Ende ihres Briefes drückt Helena ihre Angst vor einem Krieg zwischen Griechen und Trojanern aus und gibt schließlich auch eine nüchterne Analyse von Paris' vermeintlichen und echten Fähigkeiten.

Ich fürchte die Warnungen der Seher, die berichtet haben

sollen, dass Troja durch ein Feuer der Griechen brennen

wird.

Utque favet Cytherea tibi, quia vicit habetque

5   parta per arbitrium bina tropaea tuum;

sic illas vereor, quae, si tua gloria vera est,

        iudice te causam non tenuere duae.

Nec dubito, quin, te si prosequar, arma parentur.

        Ibit per gladios (ei mihi!) noster amor.

10 Tu fore tam iustā lentum Menelaum in irā

        et geminos fratres Tyndareumque putas?

Auch wenn du prahlst und von tapferen Taten sprichst:

Dein hübsches Gesicht passt nicht zu deinen Worten.

Apta magis Veneri quam sunt tua corpora Marti.

15   Bella gerant fortes, tu, Pari, semper ama!

Hectora, quem laudas, pro te pugnare iubeto!

        Militia est operīs altera digna tuīs.

His ego, si saperem pauloque audacior essem,

        uterer; utetur, si qua puella sapit.

20 Aut ego deposito sapiam fortasse pudore

        et dabo cunctatas tempore victa manūs.

Cum petis, ut furtim praesentes ista loquamur,

        scimus, quid captes ›colloquium‹ que voces.

---

ut – sīc: zwar (mag) – aber (doch) **partum habēre:** erhalten haben – **bīnus:** doppelt

causam tenēre: den Prozess (*bzw. hier:* Wettbewerb) gewinnen – **quīn** + *Konj.:* dass – **arma parāre:** Krieg vorbereiten – **ei** + *Dat.:* weh (mir)!

fore = *futūrum esse*

geminī: Zwillinge (*Helenas Brüder Castor u. Pollux*)

apta … Martī: *ordne:* tua corpora sunt magis apta Venerī quam Martī (= bellō)

iubētō! = *iubē!*

opera *f.:* Tätigkeit, Mühe

sapere: clever/schlau sein

quă = *aliqua(e)*

dēpōnere, -posuī, -positum: ablegen, verzichten auf **cūnctātus:** zögernd

scīmus = *sciō* – **captāre:** beabsichtigen – **vocāre:** nennen

Aber du bist zu stürmisch, und deine Ernte ist noch nicht
25 *reif; ein bisschen Geduld täte deinem Plan gut. Dies mag*
genügen! Meine Hand ist schon lahm und kann diesen
Brief mit meinem geheimen Liebesbekenntnis nicht weiter
schreiben.

Cetera per <u>socias</u> Clymenen Aethramque loquamur, **socia** = *amīca*

30   quae mihi sunt comites <u>consilium</u>que duae. **cōnsilium**: *hier* Ratgeber

1 Stellen Sie aus dem ersten Abschnitt Helenas Befürchtungen zusammen; diskutieren Sie dabei auch, wie begründet ihre Ängste jeweils sind.

2 Arbeiten Sie aus dem zweiten und dritten Abschnitt heraus, welches Bild Helena von Paris hat.

3 Helenas Ausspruch »*bella gerant fortes, tu, Pari, semper ama*« wurde von den Habsburgern abgewandelt in: »*bella gerant alii, tu felix Austria nube!*« Recherchieren Sie die Bedeutung und den politischen Hintergrund dieses geflügelten Wortes.

4 *Gesamtbrief:* In der antiken Literatur gibt es zwei Auffassungen von Helena: a) Helena ist lediglich Opfer der Umstände und eigentlich kein schlechter Charakter (Homers Ilias); b) Helena ist der Prototyp der moralisch verkommenen Ehebrecherin (Tragödie). Diskutieren Sie, welches Bild sich in Ovids Helena-Brief ergibt.

Jacques-Louis David: Paris und Helena (1788)

Gesamtinterpretation Briefpaar Paris-Helena

1 Vergleichen Sie die beiden Briefe miteinander im Hinblick auf Argumentation und Schlüssigkeit: Welcher Brief erscheint Ihnen schlüssiger?

2 Vergleichen Sie den Charakter von Paris und Helena, wie er sich jeweils aus den Briefen ergibt: Welche Person erscheint Ihnen klüger und realistischer?

3 In den Briefen thematisiert Ovid immer wieder den göttlichen Willen und das Fatum: Erörtern Sie, ob Paris und Helena im Rahmen des Troja-Mythos überhaupt eine Wahl für ihr Verhalten hatten.

4 Arbeiten Sie aus dem Briefpaar die wichtigsten Elemente der römischen Liebeselegie bzw. Verdrehungen oder Verfremdungen der elegischen Topoi heraus.

Lernwortschatz

Penelope an Odysseus

1. Einleitung

invīsus, a, um	verhasst
tōtus, a, um	ganz
vix	kaum
tantī est	es ist so viel wert; es lohnt sich
5 utinam + *Konj.*	wenn doch
utinam venīrēs	wenn du doch kämst
utinam vēnissēs	wenn du doch gekommen wärst
terram petere, petō, petīvī, petītum	in ein Land fahren/kommen
iacēre, iaceō, iacuī	liegen
10 lectus, ī *m.*	Bett
in lectō iaceō	ich liege im Bett
querī, queror, questus sum + *AcI*	sich beschweren/beklagen, dass
queror tē nōn venīre	ich beklage, dass du nicht kommst
tardus, a, um	langsam, spät

2. Troja-Heimkehrer als Informanten

cōnsulere, cōnsulō, cōnsuluī, cōnsultum + *Dat.*	sorgen für; helfen
deus nōbīs cōnsulit	der Gott sorgt für/hilft uns
castus, a, um	keusch, treu, rein
castus amor	eine reine/treue Liebe
vir, ī *m.*	Mann; Ehemann; Held
5 vertī, vertor, versus sum in + *Akk.*	sich verwandeln in
domus in ruīnam versa est	das Haus hat sich in eine Ruine verwandelt
praeda, ae *f.*	Beute
mīrārī + *Akk.*	bewundern; sich wundern über
mīror Ulixis facta	ich bewundere Odysseus' Taten
mīror stulta facta	ich wundere mich über die dummen Taten
senex, senis *m./f.*	alter Mann, Greis; alte Frau, Greisin
Pl. senēs, senum	die alten Leute
verba senis	die Worte des Greises/der Greisin
senēs narrant	die alten Leute erzählen
merum, ī *n.*	Wein
10 tellūs, tellūris *f.*	Erde, Land
rēgia, ae *f.*	Palast

3. Trojas Untergang war nutzlos

prōdest, prōfuit + *Dat.*	es nützt
mihi (nōn) prōdest Trōia delēta	das zerstörte Troja nützt mir (nicht)
solum, ī *n.*	Boden, Erdboden
quālis, quāle	wie (beschaffen)
sum quālis semper fuī	ich bin (so), wie ich immer war
manēre, maneō, mānsī, mānsum	bleiben
5 ūnus, a, um (*Gen.* ūnius, *Dat.* ūnī)	eins, eine(r); einzig, allein
ego ūna	ich als einzige; ich allein
sanguis, sanguinis *m.*	Blut
humus, ī *f.*	Boden, Erde
ferīre	verletzen; treffen
occulere, occulō, occuluī, occultum	verbergen
10 herba, ae *f.*	Pflanze; Kraut; Gras
abesse, absum, āfuī	weg/fort sein; nicht da sein; fehlen
Ulixēs abest/aberat	Odysseus ist/war nicht da
Ulixēs āfuit	Odysseus war nicht da
morārī	sich (lange) aufhalten
licet + *Dat.*	es ist möglich, können
mihi licet scīre	mir ist möglich zu wissen, ich kann wissen
latēre, lateō, latuī	verborgen sein, sich verstecken

4. Odysseus und die Frauen

timēre, timeō, timuī	fürchten, Angst haben vor
lātus, a, um	breit, weit
quīcumque, quaecumque, quidcumque	alles, was; wer auch immer; welcher auch immer
quaecumque dīcis, bona sunt	alles, was du sagst, ist gut
quāscumque rēs dīcis, bona sunt	alle Dinge, die du sagst, sind gut
suspicārī + *AcI*	vermuten, den Verdacht haben, dass
suspicor hanc esse causam	ich vermute, dass das der Grund ist
5 libīdō, libīdinis *f.*	Lust, Wollust
peregrīnus, a, um	fremd, ausländisch
forsitan + *Konj.*	vielleicht
forsitan stultus sim	vielleicht bin ich dumm
quam + *Adj./Adv.*	wie
quam rūsticus sum	wie bäurisch bin ich
fallī, fallor, falsus sum	sich täuschen; getäuscht werden
nisi fallor	wenn ich mich nicht täusche
10 tenuis, tenue	zart, fein, dünn
vānēscere, vānēscō, vānuī	verschwinden, vergehen

5. Schluss: Ist Penelope noch begehrenswert?

tuērī, tueor, tūtus sum	beschützen; betrachten
tēctum *oder Pl.* tēcta *n.*	*poet.* Haus (*wörtl.* »Dach«)
inimīcus, a, um	*Adj.* feindlich; *Subst.* Feind(in)
citō; *Kompar.* citius	schnell; *Kompar.* schneller
5 portus, ūs *m.*	Hafen; *metaphorisch* Schutz, Beschützer
āra, ae *f.*	Altar
nātus, a; *Pl.* nātī	*poet.* Sohn, Tochter; *Pl.* Kinder
precārī	bitten
lūmen, lūminis *n.*	*poet.* Auge (*wörtl.* »Licht«)
10 fātum, ī *n.*	Schicksal; Tod
prōtinus *Adv.*	sogleich, sofort
ut + *Konj.*	1. dass, damit 2. selbst wenn
ut veniās, sērō venīs	selbst wenn du kommen solltest, kommst du zu spät
anus, ūs *f.*	alte Frau
15 vidērī, vīsus sum + *Inf./NcI*	scheinen zu
videor anus esse	ich scheine eine alte Frau zu sein

Dido an Aeneas

6. Dido stellt unbequeme Fragen

prex, precis *f.*	Bitte
álloquī, álloquor, allocūtus sum	ansprechen
-que … -que	sowohl … als auch; und
corpus-que animus-que	sowohl der Körper als auch das Herz *bzw.* Körper und Herz
pudīcus, a, um	keusch, rein, ehrbar
animus pudīcus	ein reines Herz
5 male	in übler/schlimmer Weise
perdere, perdō, pérdidī, pérditum	verlieren; verschwenden
levis, leve	leicht
miser, misera, miserum	arm, elend
ventus, ī *m.*	Wind
10 vēlum, ī *n.*	Segel
foedus, foederis *n.*	Bündnis, Verbindung, Beziehung
solvere, solvō, solvī, solūtum	lösen, auflösen
fidēs, fideī *f.*	Treue(versprechen)
moenia, moenium *n.Pl.*	Stadt(mauer)

15 quaerere, quaerō, quaesīvī, quaesītum	suchen; (+ ex:) fragen
terram quaerō	ich suche das Land
(ex tē) quaerō, ubī terra sit	ich frage (dich), wo das Land ist
nōtus, a, um	bekannt
fallere, fallō, fefellī, falsum	täuschen, betrügen
ēvenīre, ēveniō, ēvēnī, ēventum	eintreffen, in Erfüllung gehen
vōtum, ī n.	Wunsch
vōta mea ēveniunt	meine Wünsche gehen in Erfüllung

7. Aeneas' »Lügen«

mihi cūrae est	es liegt mir am Herzen, es ist mir wichtig
parcere, parcō, pepercī + Dat.	schonen, verschonen
parce mihī!	(ver)schone mich!
merēre, meruī, meritum	sich/etwas verdienen; schuld sein an
hoc nōn meruī!	das habe ich nicht verdient!
ēripere, ēripiō, ērēpī, ēreptum	retten
5 unda, ae f.	Welle; poet. Wasser
mentīrī	lügen
incipere, coepī ā/ab + Abl.	anfangen mit/bei
incipit ā nōbīs	er fängt mit/bei uns an
occĭdere, óccĭdō, óccĭdī	sterben
nōn dubium esse, quīn	nicht zweifeln, dass
nōn dubia sum, quīn ita sit	ich zweifle nicht, dass es so ist
10 iactāre	(umher-)werfen, schleudern
sē iactāre	sich rühmen, prahlen
hiēms, hiemis f.	Winter
fluctus, ūs m.	Welle
contentus, a, um	zufrieden
15 nocēre, noceō, nocuī	schaden

8. Aeneas' Verhalten als (im)pius

patēre, pateō, patuī	sich erstrecken; offen stehen
fīnitimus, a, um	Adj. benachbart; Subst. Nachbar(in)
invidiōsus, a, um	beneidenswert, beneidet
dubitāre (+ Inf.)	zögern zu; bezweifeln
dubitās hoc facere	du zögerst das zu tun
hoc dubitō	ich bezweifle das
5 praebēre, praebeō, praebuī, praebitum	geben, (dar)reichen
scelus, sceleris n.	Frevel, Verbrechen
scelerātus, a, um	verbrecherisch, frevelhaft

tangere, tangō, tétigī, tāctum	berühren
caelestis, e;	himmlisch
Pl. caelestēs, ium *m./f.*	*Pl. (poet.)* Götter, Göttinnen
10 dextra (manus) *f.*	die rechte Hand
colere, colō, coluī, cultum	verehren
deōs/caelestēs colere	die Götter verehren
claudere, claudō, clausī, clausum	ein-/verschließen
miserābilis, e	elend, arm
īnfāns, īnfantis *m./f.*	(kleines) Kind
15 fūnus, fūneris *n.*	Tod; Beerdigung
parēns, parentis *m./f.*	Vater, Mutter
Pl. parentēs, um	*Pl.* Eltern
poena, ae *f.*	Strafe
auferre, auferō, abstulī, ablātum	wegnehmen, vernichten
vellem + *Konj. (Irrealis)*	ich wollte; wenn doch!
vellem hoc facerēs!	wenn du das doch tätest!
20 vetāre, vetō, vetuī, vetītum	verbieten
adīre, ádeō, ádiī, áditum	kommen
nempe	doch; nämlich
inīquus, a, um	ungünstig
rapidus, a, um	schnell, reißend, tosend
25 fretum, ī *n.*	Meer
hospes, hóspitis *m./f.*	Fremde(r); Gast
potius	lieber, eher
dōs, dōtis *f.*	Mitgift
opēs, opum *f.Pl.*	Reichtum; Macht

9. Briefschluss: Didos Tod und Grüße an ihre Schwester Anna

sī minus	wenn nicht
crūdēlis, e in (mē)	grausam gegenüber (mir)
diū	lange
ēnsis, is *m.*	Schwert
5 lacrima, ae *f.*	Träne
convenīre, -veniō, -vēnī, -ventum + *Dat.*	passen zu
hoc convenit fatō meō	das passt zu meinem Schicksal
mūnus, mūneris *n.*	Geschenk
sepulcrum, ī *n.*	Grab(mal)
pectus, péctoris *n.*	Brust; *poet.* Herz (*oft Pl.:* péctora)
10 saevus, a, um	wild, schlimm
vulnus, vúlneris *n.*	Wunde

soror, sorōris *f.*	Schwester
cōnscius, a, um	mitwissend; Mitwisser(in)
dōnum, ī *n.*	Geschenk
15 concĭdere, cóncĭdō, cóncĭdī	sterben
ūsus, a, um + *Abl.*	gebrauchend, mit
suā manū ūsa (mortua est)	mit eigener Hand (starb sie)

Medea an Jason

10. Medea ist von Jason verlassen worden

ei mihi!	weh mir!
umquam	jemals
petere (petō, petīvī, petītum) aliquam rem	eine Sache suchen, haben wollen
turba, ae *f.*	Menge; Mannschaft
5 Grāius, a, um *(poet.)*	griechisch
plūs aequō	mehr als recht; zu viel/sehr
capillī, ōrum *m.Pl.*	Haare
flāvus, a, um	blond
flāvī capillī	die blonden Haare
lingua, ae *f.*	Zunge, Sprache, das Sprechen
10 grātia, ae *f.*	Anmut, Schönheit; Dank
fictus, a, um	erfunden, erlogen
perfidia, ae *f.*	Treulosigkeit
perīre, péreō, périī, peritūrum	untergehen, verschwinden
dēmere, dēmō, dēmpsī, dēmptum	wegnehmen, erspart bleiben
15 hospitium, ī *n.*	Gastfreundschaft
torus, ī *m.*	Polster, Speisesofa; Bett
ruīna, ae *f.*	Untergang, Verderben
ardēre, ardeō, arsī, arsum	brennen
formōsus, a, um	hübsch
20 pérfidus, a, um	treulos
cēlāre	verbergen, verstecken
indicium, ī *n.*	Merkmal, Zeichen

11. Die Umstände des Vlies-Raubes

maestus, a, um	traurig
ut + *Ind. Pf.*	sobald, als
thálamus, ī *m.*	Schlafzimmer
nefandus, a, um	verbrecherisch, schrecklich

5 timor, timōris *m.*	Furcht, Angst
augēre, augeō, auxī, auctum	vergrößern
māne *(n.)*	*Adv.* morgens; *Subst.* Morgen
ops, opis *f.*	Hilfe
ōrāre	bitten um
opem ōrat	sie bittet um Hilfe
10 impetrāre	(durch Bitten) erreichen
nemus, némoris *n.*	Hain *(= kleines Waldstück)*
dēlūbrum, ī *n.*	Heiligtum
aureus, a, um	golden
ordīrī, ordior, orsus sum	anfangen
15 īnfidus, a, um	untreu, treulos
ōs, ōris *n.*	Mund
arbitrium, ī *n. (+ Gen.)*	Urteil, Entscheidung über
arbitrium vītae meae	Entscheidung über mein Leben
salūs, salūtis *f.*	Wohlergehen, Leben
per + *Akk.* (in Bitten/Schwüren)	bei
per deōs (tē ōrō)!	bei den Göttern (bitte ich dich)!
20 nūmen, nūminis *n.*	Gott; göttlicher Wille
avus, ī *m.*	Großvater
sacra, ōrum *n.Pl.*	heilige Handlung, Kult; Heiligkeit
forte	zufällig
miserērī, miséreor, miseritus sum + *Gen.*	sich *jemandes* erbarmen
miserētur amīcī suī	er erbarmt sich seines Freundes
25 quodsī	wenn (nun/aber)
aedēs, is *f.*	Haus, Tempel

12. Medea stürzt ins Unglück

prōdere, prōdō, prōdidī, prōditum	verraten
genitor, ōris *m. (poet.)*	Vater
virginitās, -tātis *f.*	Jungfräulichkeit
germānus, ī *m.;* germāna, ae *f.*	Bruder; Schwester
5 littera, ae *f.*	Buchstabe, Schrift
hōc locō	an dieser Stelle
audēre, audeō, ausus sum (+ *Inf.*)	wagen zu
audeō hoc facere	ich wage das zu tun
(≠ audīre	hören)
sē crēdere + *Dat.*	sich anvertrauen
amīcō mē crēdidī	ich habe mich einem Freund anvertraut
pelagus, ī *n. (poet.)*	Meer

10 domō	aus dem Haus
amor + *Gen.*	Liebe zu
amor patriae/tuī	die Liebe zur Heimat/zu dir
flēre, fleō, flēvī, flētum	weinen, klagen
tegere, tegō, texī, tēctum	bedecken, verstecken
cōnsistere, cōnsistō, cōnstitī	stehen (bleiben), sich hinstellen
15 vestis, is *f.*	Kleidung
dígitus, ī *m.*	Finger

13. Medeas Verzweiflung

ferus, a, um	wild
pellere, pellō, pépulī, pulsum	vertreiben
effugere, effugiō, effūgī, effugitūrus + *Akk.*	fliehen vor
amōrem nōn effugiō	ich kann nicht vor der Liebe fliehen
potēns, *Gen.* potentis	mächtig
5 grātus, a, um	willkommen, angenehm
amārus, a, um	bitter
somnus, ī *m.*	Schlaf
quīvīs (*Gen.* cuiusvīs, *Dat.* cuīvīs)	jeder Beliebige
amplectī, amplector, amplexus sum	umarmen
10 artus, ūs *m.*	(Körper-)Glied
fructus, ūs *m.*	Frucht, Ergebnis
īnsānus, a, um	wahnsinnig
réddere, reddō, réddidī, rédditum	zurückgeben
áddere, addō, áddidī, ádditum	(hinzu-)geben
15 implōrāre	anflehen, bitten
quō?	wohin?
fortasse	vielleicht
nescioquis, nescioquid	irgendwer, irgendetwas

Paris an Helena

14. Paris ist verliebt

mālle (mālō, māluī) + *Konj.*	ich will lieber, dass
mālim hoc faciās	ich möchte lieber, dass du das tust
dum + *Konj.*	solange, bis
metus, ūs *m.*	Angst
dissimulāre	sich verstellen

5 exspectāre	warten auf; erwarten
tē exspectō	ich warte auf dich/erwarte dich
ūrī, ūror, ustus sum	*itr.* brennen (z. B. vor Liebe)
fatērī, fateor, fassus sum	bekennen, zugeben
forma, ae *f.*	Schönheit; Aussehen
frūstrā	vergeblich
10 prōmittere, -mittō, -mīsī, -missum	versprechen
optāre	wünschen, (haben) wollen
suādēre, suādeō, suāsī, suāsum	empfehlen, raten
dīvīnus, a, um	göttlich
mónitus, ūs *m.*	Ermahnung, Erinnerung
15 nescius, a, um	unwissend
peccāre	einen Fehler machen, sich schuldig machen
ádvehī, ádvehor, advectus sum	(herbei-)kommen

15. Düstere Träume: Troja wird brennen!

prius	früher, vorher
vultus, ūs *m.*	Miene, Gesicht(sausdruck)
mīrum est	es ist sonderbar/merkwürdig
tēlum, ī *n.*	Waffe, Pfeil
5 dictum, ī *n.*	Wort
ingēns, *Gen.* ingentis	gewaltig, riesig
imāgō, imāginis *f.*	Bild
vātēs, vātis *m./f.*	Seher(in), Priester(in)

16. Paris begegnet Helena zum ersten Mal

genetrīx, genetrīcis *f.*	Gebärerin, Mutter
inhibēre, -hibeō, -hibuī, -hibitum	behindern
prōpósitum, ī *n.*	Vorhaben, Plan
vēlum, ī *n.*	Segel
vēla dare	Segel setzen
5 ratis, is *f.*	(kleines) Schiff
ruere, ruō, ruī	eilen, stürzen
incendium, ī *n.*	Feuer, Brand
invenīre, -veniō, -vēnī, -ventum	finden; erfinden
mollis, e	weich, sensibel
10 flagrāre	brennen, lodern
excipere, -cipiō, -cēpī, -ceptum	empfangen, aufnehmen
hospitiō excipere aliquem	jemanden gastfreundlich aufnehmen

cōnsilium, ī *n.*	Beschluss, Plan
quisquis, quidquid	jeder, der; alles, was
quidquid dīcis, vērum est	alles, was du sagst, ist wahr
ostendere, -tendō, -tendī, -tentum	zeigen
15 dignus, a, um	würdig, wert
obstipēre, obstipeō, obstipuī	staunen
attónitus, a, um	überwältigt, betäubt
páriter	ebenso, in gleicher Weise
rūmor, rūmōris *m.*	Gerede, Gerücht(e)
20 sōlis ortus, ūs *m.*	Sonnenaufgang, Osten
sōl oritur	die Sonne geht auf

17. Luxuriöses Troja und armseliges Sparta

quotiēns	wie oft
fãs est + *Inf./AcI*	es ist recht/in Ordnung
nōn fãs est tē contemnere	es ist nicht richtig, dich zu verachten
contemnere, -temnō, -tempsī, -temptum	verachten
beātus, a, um	glücklich, reich
5 parcus, a, um	arm(selig), sparsam
cultus, ūs *m.*	Pflege; Kultur; Schmuck
faciēs, faciēī *f.*	Gesicht
largus, a, um	reichlich, aufwendig
decet, decuit	es gehört sich, ist angemessen
decet in luxū vīvere	man darf ruhig im Luxus leben
10 facilis, e	freundlich, nachgiebig
marītus, ī *m.*	Ehemann
rūre	auf dem Lande
génitus, a, um	geboren, abstammend
miscēre, misceō, miscuī, mixtum	mischen

18. Helenas erotische Reize

stupēre, stupeō, stupuī + *Abl.*	staunen über
stupeō pulchritūdine tuā	ich staune über deine Schönheit
pōculum, ī *n.*	Becher
excīdere, éxcīdō, éxcīdī	herunter-, herausfallen
ōsculum, ī *n.*	Kuss
5 tener, tenera, tenerum	zart
amōrēs *m.Pl.*	Liebesgeschichten, Liebesbeziehungen
certāmen, certāminis *n.*	Wettbewerb

praemium, ī *n.*	Preis, Gewinn (beim Wettbewerb)
cursus, ūs *m.*	Lauf, das Laufen
10 frangere, frangō, frēgī, frāctum	(ab)brechen

19. Göttliche Vorbilder für den Ehebruch

nimium	zu (sehr/viel)
hoc nimium simplex est	das ist zu einfach
nimium dīcis	du sagst zu viel
carēre, careō, caruī + *Abl.*	nicht haben, ohne *(etw.)* sein
tū culpā carēs	du bist ohne Schuld/hast keine Schuld
pudīcitia, ae *f.*	Treue, Anstand, Scham
timēre nē + *Konj.*	fürchten, dass
timeō, nē bellum sequātur	ich fürchte, dass ein Krieg folgt
5 concitāre	zusammenrufen, anstacheln
tot	so viel(e)
tot mulierēs abdūcuntur	so viele Frauen werden entführt
repetere, repetō, repeti(v)ī, repetītum	zurückfordern
per arma	mit Waffengewalt
vānus, a, um	falsch, grundlos
10 libet, libuit	es gefällt; man tut etwas gern
hoc facere libet	das tut man gern
pudet (mē) + *Inf.*	ich schäme mich zu
(mē) pudet hoc dīcere	ich schäme mich das zu sagen
dīves, *Gen.* divitis	reich
dīves terra	ein reiches Land
dīvitēs terrae	reiche Länder
animus, ī *m.*	Mut
ferrum sūmere (sūmō, sūmpsī, sūmptum)	das Schwert ergreifen/in die Hand nehmen
15 contendere, -tendō, -tendī, -tentum dē + *Abl.*	wetteifern, kämpfen um
omnēs contendunt dē Helenā	alle wetteifern/kämpfen um Helena
orbis, is *m.*	Welt(kreis)
aeternus, a, um	ewig, lang dauernd
nōmen, nōminis *n.*	Name, Ruhm
nōmen ferre	Ruhm erhalten
tímidus, a, um	ängstlich, schüchtern
20 secundus, a, um	1. der zweite 2. günstig, wohlgesonnen

21. Helena gibt sich empört

lēgítimus, a, um	rechtmäßig
sollicitāre	herausfordern
scīlicet	natürlich
idcircō	deswegen
5 aequor, is *n.; poet. oft Pl.* aequora	Meer
vehī, vehor, vectus sum	reisen, fahren
ōra, ae *f.*	Küste
quamvīs + *Konj.*	auch wenn; obwohl
foris, is *f.; oft Pl.* forēs	Tür, Tor
10 officium, ī *n.*	Hilfe(leistung)
iniūria, ae *f.*	Unrecht
nōn dubitāre quīn + *Konj.*	nicht bezweifeln, dass
vocāre	nennen
iūdicium, ī *n.*	Urteil, Meinung
iūdiciō tuō	deiner Meinung nach
15 querēla, ae *f.*	Klage
rūsticus, a, um	bäurisch
sānē	sicherlich, bestimmt
oblīviscī, oblīvīscor, oblītus sum + *Gen.*	vergessen
pudōris meī oblīvīscor	ich vergesse meine Scham
crīmen, crīminis *n.*	Vorwurf; Verbrechen
20 adhūc	noch

22. Paris: dreist, aber schön

lascīvus, a, um	geil, wollüstig
pars, partis *f.*	Teil, Seite
notāre	bemerken
nota, ae *f.*	Zeichen
5 exiguus, a, um	klein, gering
discere, discō, dídicī	lernen
cōnfitērī, -fiteor, -fessus sum	zugeben, bekennen
sapere, sapiō, sapi(v)ī	intelligent (*d. h.* klug *oder* clever/schlau) sein
cernere, cernō, crēvī, crētum	wahrnehmen, bemerken
10 nimis *(+ Gen.)*	zu viel (an)
nimis amōris	zu viel (an) Liebe

23. Helena wird schwach

voluptās, -tātis *f.*	Freude, Lust
sermō, sermōnis *m.*	Gespräch
coīre, cóeō, cóiī, cóitum	zusammentreffen, zusammenkommen
intérdum	manchmal
5 patī, patior, passus sum	leiden
cōgere, cōgō, coēgī, coāctum	zwingen

24. Briefschluss: Helenas Befürchtungen und Paris' Großmäuligkeit

favēre, faveō, fāvī, fautum + *Dat.*	gewogen sein, unterstützen
Venus tibi favet	Venus ist dir gewogen/unterstützt dich
verērī, vereor, veritus sum	fürchten, Angst haben vor
iūdex, iūdicis *m.*	Richter
tē iūdice	nach deinem Urteil
parāre	beschaffen, vorbereiten
arma parāre	Waffen bereiten; Krieg führen
5 lentus, a, um	langsam, lahm
aptus, a, um + *Dat.*	geeignet für
bellō aptus sum	ich bin geeignet für den Krieg
dignus, a, um + *Abl.*	*(einer Sache)* würdig, passend für
hāc rē dignus sum	ich bin dessen würdig; das passt zu mir
audāx, *Gen.* audācis	frech, dreist; mutig
praesēns, *Gen.* praesentis	anwesend, in Anwesenheit
praesentēs loquimur (dē eō)	wir reden in Anwesenheit (darüber)
10 comes, comitis *m./f.*	Begleiter(in), Freund(in)

Eigennamen (Personen und Orte)

Achāia:	Landschaft auf der nördlichen Peloponnes; steht hier für Griechenland.
Achelōus (*Adj.* **Achelōius,** a, um):	Fluss(gott) in Westgriechenland.
Aeacidēs:	Nachkomme des Aiakos, d. h. hier der griechische Held Achill.
Aeētēs, Aeēta:	Aietes, Sohn des Sonnengottes; Vater der Medea und König von Kolchis.
Aenēās:	Sohn der Venus und des Anchises; trojanischer Held, der über das Mittelmeer bis nach Italien auswandert, um dort ein neues Troja zu gründen; Geliebter der Dido; Vater des Ascanius/Iulus.
Aesōn (*Adj.* **Aesonius,** a, um):	Vater des Jason; König von Iolkos (Thessalien).
Aethra:	Mädchen am spartanischen Hof.
Alcīdēs:	Enkel des Alkeus, d. h. hier Herakles.
Anchīsēs:	Trojaner; Vater des Aeneas.
Anna:	Schwester der karthagischen Königin Dido.
Argō:	Das Schiff des Jason.
Argolicī:	Bewohner der Landschaft Argolis auf der Peloponnes bzw. hier die Spartaner.
Ártemis:	Griechische Göttin der Jagd; in Rom: Diana.
Ascānius:	Sohn des Aeneas und der Krëusa; anderer Name: Iulus.
Asia:	Kleinasien.
Atalanta:	Griechische Jägerin; Tochter des Schoineus; konnte sehr schnell laufen und wurde von dem verliebten Hippomenes mit einem Trick im Schnelllauf besiegt.
Atrīdēs:	Sohn des Atreus, d. h. Menelaos und Agamemnon.
Bacchus:	Griechischer Gott des Weins; anderer Name: Dionysos.
Cassandra:	Trojanische Seherin, der niemand ihre richtigen Vorhersagen glaubte; Tochter des Priamus und Schwester des Paris.
Castor:	Zwillingsbruder des Pollux/Polydeukes und Bruder der Helena.
Chalcíopē:	Schwester der Medea.
Clymenē:	Mädchen am spartanischen Hof.
Colchī, ōrum:	Die Kolcher, Bewohner von Kolchis.
Colchis, idis:	Stadt am östlichen Schwarzen Meer.

Crëūsa:	1. Trojanerin und die erste Frau des Aeneas. 2. Tochter des korinthischen Königs Kreon und zweite Frau des Jason.
Cytherēa:	Anderer Name für die Liebesgöttin Venus; benannt nach deren Heiligtum auf der Insel Kythera.
Dánaī, ōrum:	Die Griechen (bzw. Nachkommen des Danaos).
Dardanus (*Adj.* **Dardanius,** a, um:	trojanisch): Sohn des Zeus und Stammvater der Trojaner; die Dardaner sind die Trojaner.
Dëianīra:	Frau des Herakles.
Diāna:	Göttin der Jagd (griech.: Artemis).
Dīdō:	Königin von Karthago und Geliebte des Aeneas.
Dōricus, a, um:	Dorisch bzw. spartanisch; die Spartaner gehörten zum Stamm der Dorer.
Eumenidēs, um *f.Pl.:*	Griechische Rachegöttinnen bzw. die Eumeníden.
Gaetulī:	Die Gaetuler, d. h. ein Berberstamm in Nordafrika (Numidien).
Graecia:	Griechenland.
Grāī, ōrum:	Die Griechen.
Hector:	Sohn des Priamus und wichtigster trojanischer Kämpfer.
Hécatē:	Griechische Göttin der Zauberei und der Nacht.
Hélena, ē:	Schöne Spartanerin, Tochter des Zeus und der Leda; Ehefrau des Menelaos; Geliebte des Paris.
Hermíonē:	Tochter des Menelaos und der Helena.
Hippómenēs:	Griechischer Held, der sich in Atalanta verliebt hatte.
Iarbās:	Gaetuler-Fürst, der Dido gewaltsam heiraten will.
Iāsōn:	Der griechische (Frauen-)Held Jason; raubt das Goldene Vlies und macht Medea zu seiner Geliebten.
Īlios:	Griechischer Name für Troja.
Ītalia (*Adj.* **Ītalus,** a, um):	Italien (*Adj.:* italisch).
Iūlus:	Anderer Name für Ascanius; Sohn des Aeneas.
Iūnō:	Römische Ehegöttin und Frau des Jupiter.
Iuppiter, *Gen.* Iovis:	Römischer Göttervater; griech.: Zeus.
Karthāgō, inis:	Phönizische Stadt in Nordafrika mit Dido als Königin.
Kalypso:	Griechische Nymphe, die sich in Odysseus verliebt hat und ihn ein Jahr bei sich festhält.
Krëūsa:	Siehe **Crëūsa.**
Lacedaemon:	Landschaft auf der Peloponnes; anderer Name für Sparta.
Lāërtēs:	Vater des Odysseus.

Lēda:	Mutter der Helena, von Zeus in Gestalt eines Schwans geschwängert.
Magnēsia (*Adj.* **Magnētis**, idis):	Stadt in Thessalien.
Mars, *Gen.* Martis:	Römischer Kriegsgott (griech. Ares); steht metonymisch für den Krieg.
Mēdēa:	Kolchische Prinzessin und Tochter des Aietes, die sich in Jason verliebt und ihm hilft, das Goldene Vlies zu rauben.
Menelāus:	Griechischer Held und König von Sparta; Ehemann der schönen Helena.
Mercurius:	Der römische Gott Merkur bzw. Bote der Götter.
Minerva:	Römische Göttin der Klugheit (griech. Athene).
Minyī:	Die Minyer, d. h. Volk in Thessalien; meint hier die Argonauten.
Odysseus:	Griechischer Held und Gatte der Penelope.
Oebalus:	Spartanischer König und Vorfahre der Helena.
Paris, idis:	Trojanischer (Frauen-)Held; Sohn des Priamus; raubt die Helena.
Pelasgī, ōrum:	Ureinwohner Griechenlands; meint hier die Griechen.
Penātēs, um *Pl.*:	Schutzgötter des Hauses.
Pēnélopē:	Ehefrau des Odysseus und Mutter des Telemach.
Pérgama *n.Pl.*:	Stadt in Kleinasien; meint hier Troja.
Phāsis (Adj. **Phāsiacus**):	Fluss in Kolchis.
Phrygia (*Adj.* **Phrygius**, a, um):	Landschaft in Kleinasien, in der Troja liegt.
Phryx, *Gen.* **Phrygis**:	Bewohner Phrygiens bzw. Phryger.
Pollux:	Bruder der Helena und Zwillingsbruder des Kastor (griech. Polydeukes).
Priamus:	König von Troja und Vater von Paris, Hektor und Kassandra.
Pūnī (Adj. **Pūnicus**, a, um):	Die Phönizier bzw. Karthager.
Pygmaliōn:	Bruder der Dido.
Schoenēis, idis:	Tochter des Schoineus, d. h. Atalanta.
Sīgēia tellūs:	Die Landschaft um Troja; benannt nach dem Vorgebirge Sigeion.
Símoīs, éntis:	Fluss bei Troja.
Spartē:	Sparta; Landschaft auf der Peloponnes.
Sychaeus:	Ehemann der Dido.
Taenarum (*Adj.* **Taenaris**, idis):	Vorgebirge bzw. Landspitze im Süden der Peloponnes.
Tēlémachus:	Sohn der Penelope und des Odysseus.

Teucrī, ōrum:	Nachkommen des trojanischen Königs Teukros; meint die Trojaner.
Therapnē (*Adj.* **Therapnaeus,** a, um):	Kleine Ortschaft bei Sparta.
Thybris, idis:	Griechischer Name des italischen Flusses Tiber.
Trōia:	Phrygische Stadt in Kleinasien; von den Griechen erobert und zerstört; Heimat des Aeneas.
Tyndareus:	Gatte der Leda und damit rechtlicher Vater der Helena.
Ulixēs:	Lateinischer Name des Odysseus.
Venus, eris:	Liebesgöttin und Mutter des Aeneas (griech. Aphrodite).

Stilmittel

Alliteration
(die)

Gleicher Anlaut in aufeinanderfolgenden Wörtern:
vix Priamus tanti totaque Troia fuit: Alliteration unterstreicht die Nichtigkeit des eigentlich gewaltigen Troja.

Anápher
(die)

Wiederaufnahme des gleichen Wortes am Anfang aufeinanderfolgender Wortgruppen oder Sätze: *illic Aeacides, illic tendebat Ulixes.*

Antithese
(die)

Gegenüberstellung gedanklich entgegengesetzter Wörter, Wortgruppen oder Sätze:
facta fugis, facienda petis: Der Gegensatz von vorliegenden Ergebnissen und Aufgaben wird (asyndetisch und mit Alliteration) betont.

Asýndeton

Die Aneinanderreihung von Satzgliedern oder (Teil-)Sätzen ohne Bindewörter (z. B. *et*):
illic Aeacides, illic tendebat Ulixes, hic lacer admissos terruit Hector equos: Die Auslassung der Konjunktion *et/aut* lässt den Ausdruck knapper wirken.

Chiasmus
(der)

Überkreuzstellung einander entsprechender Begriffe oder Satzteile (benannt nach dem griechischen Buchstaben X = Chi):

*et **longae** noctes,*

*et **tu** blandus*
Die Wortstellung verdeutlicht die Parallelisierung und zugleich Gegenüberstellung von *noctes/tu* sowie *longae/blandus.*

Ellipse
(die)

Auslassung von Wörtern oder Satzteilen:
et longae noctēs <sunt> et tu blandus <es>: Die Auslassung von *esse* macht die Aussage knapper und eindringlicher.

Hypérbaton
(das)

Zusammengehörige Wörter eines Satzglieds sind von anderen Wörtern getrennt:
adverso scripsimus ista deo: Die Sperrung von *adverso ... deo* hebt den göttlichen Widerstand besonders hervor.

Klimax
(die)

Qualitative oder quantitative Steigerung:
famam corpusque animumque pudicum perdiderim:
Die Steigerung vom bloßen Ruf über den Körper bis zur tugendhaften Seele unterstreicht die Größe des Verlusts.

Metápher

Bildlicher Ausdruck; ähnlich wie der Vergleich, allerdings fehlt der Ausdruck für »wie«: *tu (= Ulixes) portus et ara tuis:* Odysseus ist (wie) der schützende Hafen und Altar für seine Angehörigen.

Metonymie
(die)

Ein Wort wird durch ein anderes aus einem verwandten Sachbereich ersetzt:
Mars ~ bellum: Der Kriegsgott steht hier für den Krieg.

Parádoxon
(das)

Überraschende Aussage, die auf den ersten Blick nicht sinnvoll erscheint:
diruta sunt aliis, uni mihi Pergama restant: Die scheinbar widersprüchliche Aussage, dass das zerstörte Troja (Pergama) allein für Penelope noch steht, soll Odysseus provozieren.

Parallelismus (der)	Gleicher Bau einander entsprechender Satzglieder bei annähernd gleicher Wortzahl: *facta fugis, facienda petis:* Der parallele Satzbau von Objekten und Prädikaten hebt hier den Gegensatz (Antithese) hervor.
Personi- fikation	Personifizierung von Sachen oder Abstrakta: *Venus* als vergöttlichte Liebe.
Polýptoton (das)	Wiederholung desselben Wortes in unterschiedlicher grammatikalischer Form – bei Ovid sehr häufig: *facta fugis, facienda petis:* Das »Tun« wird in verschiedenen Facetten (Ergebnis vs. Aufgabe) durch die Wiederholung hervorgehoben.
Polysýndeton (das)	Verwendung von Verbindungspartikeln zwischen parallel gestellten Wörtern, Wortgruppen oder Sätzen: *famam corpusque animumque pudicum perdiderim:* Die Konjunktionen *-que* lassen den Ausdruck gewichtiger wirken.
Rhetorische Frage	Scheinfrage, die keine explizite Antwort verlangt, sondern die vom Leser/ Hörer im Kopf beantwortet wird: *unde tibi uxor erit?* Niemand würde (laut Sprecherin) erwarten, dass Aeneas in Italien leicht eine neue Frau findet – die rhetorische Frage drückt eine Selbstverständlich- keit aus.
Trikolon	Dreigliedriger Ausdruck: *nec nova Karthago, nec te crescentia tangunt moenia, nec sceptro tradita summo:* Die drei Aspekte von Aeneas' möglicher Herrschaft in Karthago werden hervorgehoben.
Zeugma	Ein Verb hat zwei ungleichartige Objekte, die inhaltlich eigentlich nicht zusammenpassen: *idem venti vela fidemque ferent:* Zum Verb *ferre* gehören als eigentlich nicht zusammenpassende Objekte *vela* und *fidem.* Ovid liebt das Zeugma, das oft Komik durch den Überraschungseffekt auslöst, v. a. aber den Fokus auf die Objekte legt.

Antonomasie: Hercules ⟶ starker Mann (Eigenname als Gattungsbegriff)

Anukoluth: Satzabbruch

Abbildungsnachweis

S. 19: Penelope am Webstuhl und Telemachos: akg-images – S. 21: Achill schleift die Leiche Hektors: Museumslandschaft Hessen Kassel, Gemäldegal. Alte Meister, Foto: Ute Brunzel – S. 21: Troja-Karte: Friedrich Wilhelm Putzger (https://commons.wikimedia.org/wiki/File:Putzger_Umgegend_von_Troia. jpg), »Putzger Umgegend von Troia«, als gemeinfrei gekennzeichnet, Details auf Wikimedia Commons: https://commons.wikimedia.org/wiki/Template:PD-old – S. 25: Odysseus und Kalypso: Arnold Böcklin artist QS:P170,Q123071 (https://commons.wikimedia.org/wiki/File:Arnold_Böcklin_008.jpg), »Arnold Böcklin 008«, als gemeinfrei gekennzeichnet, Details auf Wikimedia Commons: https://commons.wiki-media.org/wiki/Template:PD-old – S. 26: Odysseus und Penelope: Francesco Primaticcio artist QS:P170, Q333366 (https://commons.wikimedia.org/wiki/File:Francesco_Primaticcio_002.jpg), »Francesco Pri-maticcio 002«, als gemeinfrei gekennzeichnet, Details auf Wikimedia Commons: https://commons.wiki-media.org/wiki/Template:PD-Art-YorckProject – S. 31: Brand Trojas: © Private Collection/Bridgeman Images – S. 35: Didos Tod: Peter Paul Rubens creator QS:P170,Q5599 Sailko (https://commons.wikimedia. org/wiki/File:Petrus_paulus_rubens,_morte_di_didone,_1635-38_ca..JPG), »Petrus paulus rubens, morte di didone, 1635–38 ca.«, https://creativecommons.org/licenses/by/3.0/legalcode – S. 38: Route der Argo-nauten: No machine-readable author provided. Maris stella assumed (based on copyright claims). (https:// commons.wikimedia.org/wiki/File:MS-Argonautai-route.jpg), https://creativecommons.org/licenses/ by-sa/4.0/legalcode – S. 38: Heimkehr der Argonauten nach Griechenland: akg-images – S. 41: Hekate: Unknown artistUnknown artist (https://commons.wikimedia.org/wiki/File:Hekate_Kharites_Glypto-thek_Munich_60.jpg), »Hekate Kharites Glyptothek Munich 60«, als gemeinfrei gekennzeichnet, Details auf Wikimedia Commons: https://commons.wikimedia.org/wiki/Template:PD-self – S. 43: Medea: Henri Klagmann Vassil (https://commons.wikimedia.org/wiki/File:Beaux-Arts_Nancy_Klagmann_50108.jpg), »Beaux-Arts Nancy Klagmann 50108«, als gemeinfrei gekennzeichnet, Details auf Wikimedia Commons: https://commons.wikimedia.org/wiki/Template:PD-old – S. 47: Parisurteil: Enrique Simonet artist QS: P170,Q94851 (https://commons.wikimedia.org/wiki/File:Enrique_Simonet_-_El_Juicio_de_Paris_-_ 1904.jpg), »Enrique Simonet – El Juicio de Paris – 1904«, als gemeinfrei gekennzeichnet, Details auf Wi-kimedia Commons: https://commons.wikimedia.org/wiki/Template:PD-old – S. 52: Ganymed: Gunnar Bach Pedersen (https://commons.wikimedia.org/wiki/File:Thorvaldsens_Ganymedes.jpg), »Thorvald-sens Ganymedes«, als gemeinfrei gekennzeichnet, Details auf Wikimedia Commons: https://commons. wikimedia.org/wiki/Template:PD-self – S. 53: Ruinen Trojas: CherryX per Wikimedia Commons (https:// commons.wikimedia.org/wiki/File:Walls_of_Troy_(2).jpg), »Walls of Troy (2)«, https://creativecom-mons.org/licenses/by-sa/3.0/legalcode – S. 57: Jupiter und Leda: Carole Raddato from FRANKFURT, Germany (https://commons.wikimedia.org/wiki/File:Leda_and_the_swan,_terracotta_Roman_oil_ lamp_1st_century_AD,_Staatliche_Antikensammlungen,_Munich_(8958396304).jpg), »Leda and the swan, terracotta Roman oil lamp 1st century AD, Staatliche Antikensammlungen, Munich (8958396304)«, https://creativecommons.org/licenses/by-sa/2.0/legalcode – S. 63: Symposion: akg-images – S. 67: Paris und Helena: Jacques-Louis David artist QS:P170,Q83155 (https://commons.wikimedia.org/wiki/File:He-lene_Paris_David.jpg), »Helene Paris David«, als gemeinfrei gekennzeichnet, Details auf Wikimedia Commons: https://commons.wikimedia.org/wiki/Template:PD-old